... Y ahí lo dejo. Crónica de un proceso

… Y ahí lo dejo.
Crónica de un proceso

Gonzalo Boye

Rocaeditorial

© 2019, Gonzalo Boye

Primera edición: marzo de 2019

© de esta edición: 2019, Roca Editorial de Libros, S. L.
Av. Marquès de l'Argentera 17, pral.
08003 Barcelona
actualidad@rocaeditorial.com
www.rocalibros.com

Impreso por EGEDSA
Sabadell (Barcelona)

ISBN: 978-84-17305-76-5
Depósito legal: B. 3896-2019
Código IBIC: JP

Todos los derechos reservados. Esta publicación no puede ser reproducida, ni en todo ni en parte, ni registrada en o transmitida por, un sistema de recuperación de información, en ninguna forma ni por ningún medio, sea mecánico, fotoquímico, electrónico, magnético, electroóptico, por fotocopia, o cualquier otro, sin el permiso previo por escrito de la editorial.

RE05765

Índice

Prólogo 11

1. La salida 19
2. Bruselas: primera etapa 34
3. Bruselas: segunda etapa 58
4. Alemania: la detención 76
5. Bruselas: tercera etapa y Alemania: la libertad ... 91
6. Bruselas con Bob-Dogi 105
7. Alemania: defensa a tumba abierta 118
8. Escocia 145
9. La traición de Alemania 157
10. Bruselas al contraataque 173

Epílogo 213
Agradecimientos 219

A Isabel, Sandra, Kristiana y Elena... a quiénes si no

PRÓLOGO

Este libro surgió de una conversación con mi amiga, hoy mi editora, Blanca Rosa Roca en el puente de diciembre de 2017, mientras caminábamos por Ibiza. Fueron largas charlas las que, durante esos días, mantuve con José Sanclemente, Blanca Rosa, Nacho Escolar, Fátima Caballero e Isabel Elbal mientras recorríamos una invernal y apacible Ibiza. En ellas fuimos comentando lo que estaba comenzando a suceder, que, como muchas cosas en la vida, me estaba tocando vivir en primera línea: el proceso penal en contra del soberanismo catalán.

En esos momentos, y en lo que a mí respecta, ya habíamos conseguido un inicial éxito con la retirada de la primera Orden Europea de Detención y Entrega por parte del juez Llarena el 5 de diciembre de 2017. Lo interesante para mis interlocutores no era solo eso, sino cómo se había llegado hasta ese punto y cómo seguiría la historia de ahí en adelante. Blanca Rosa ya me dijo: «Tienes que hacer un libro», pero ahí lo dejó y no volvimos a hablar más del tema durante varios meses.

Desde el comienzo fui consciente de que estaba involucrado en un caso histórico, que lo que estábamos haciendo no se había intentado nunca y que todo lo que vivía tenía una gran relevancia política y mediática; lo que no sabía era que esa importancia trascendería lo efímero de las noticias para asentarse en el plano de la historia reciente de Catalunya, de España y, también, de Europa. Mucho menos consciente era de la viabilidad de escribir sobre esta experiencia y de que ello pudiese resultar de interés para terceros, por lo que, evidentemente, sin una editora insistente, persistente y de muy buen olfato hoy este libro no existiría.

En estas páginas no pretendo otra cosa que dar mi particular, y por tanto subjetiva, visión de lo sucedido en el último año y pocos meses y sobre cómo hemos ido construyendo una estrategia de defensa e implementándola hasta llegar al momento actual. Seguramente, por ser una visión parcial, la misma podrá contraponerse con la de otros protagonistas, puesto que nadie tiene la capacidad de ver todo lo que sucede sino solo aquello que percibe desde su particular posición en el lugar de los hechos. Aquí, sin duda, no está toda la verdad, sino solo aquella que yo he vivido.

Asumimos que estábamos ante un litigio estratégico que no solo ponía en juego la libertad personal de nuestros defendidos y sus respectivos futuros, sino algo mucho más importante: el futuro democrático de España, de Catalunya y, en gran medida y sin pretensiones, de Europa. El recorte de libertades, la manipulación del Derecho y la utilización de recursos públicos en la persecución de nuestros defendidos excede con creces el ámbito de una actuación penal y va encaminado a sostener un modelo de sociedad, en todo el territorio español actual, que es incompatible con los principios democráticos imperantes en nuestro entorno. Por ello, este caso y esta defensa eran y son estratégicos para desenmascarar dicha represión y, sobre todo, la pretensión de conducirnos a una sociedad en la que prime una visión monocolor de las cosas y en la que los deseos y visiones antidemocráticas de unos pocos se impongan a los derechos y libertades de otros muchos.

El Derecho, entendido como un instrumento para la transformación de la realidad, ha de ser usado en sus justos términos y de manera imaginativa, para así, a través de uno o algunos litigios, sentar un precedente que sirva para futuros casos y, más aún, para evitar futuros problemas. El presente proceso pretende cambiar mentalidades y realidades y puede permitir, si las cosas se hacen bien, llevar a España a un entendimiento democrático del Derecho y a la construcción de una sociedad en la que todas las ideas encuentren su sitio o, de no ser así, hallar la vía para separarse de ella.

Mientras el Tribunal Supremo se ha dedicado a reescribir el ordenamiento jurídico español, nuestro trabajo ha consistido en crear derecho o soluciones radicales e imaginativas a problemas hasta ahora desconocidos. Ello ha conllevado, primero, la incomprensión, luego la burla y, finalmente, la desesperación por parte de los sectores más rancios y radicales de España, que se escenifica a través de la ira y el ataque personal y sistemático a quienes no hacemos otra cosa que cumplir nuestra obligación.

En estas páginas he tratado de exponer muchos hechos y algunas de sus claves. Como es lógico, he evitado expresamente algunos nombres, lugares, circunstancias y detalles que puedan desvelar parte esencial de nuestra estrategia de defensa, delatar a personas que nos han apoyado o lugares claves donde hemos estado; estos solo podrán ser revelados cuando este caso sea historia.

Llevo muchos años diciendo que la aplicación que se hace del Derecho en la Audiencia Nacional y en el Tribunal Supremo no resiste el contraste con Europa; no son pocos los amigos y conocidos que me han oído hablar de ello. Así, cuando Jaume Asens me planteó que me encargase de este caso supe que era la mejor oportunidad que tendría para demostrar mi tesis: eso es lo que hemos estado haciendo hasta ahora y lo que haremos en los meses y años venideros.

La intensidad de estos meses me ha dejado una huella de cansancio que solo se palia con la alegría de demostrar que no nos equivocábamos, y que las cosas se pueden y deben hacer de otra forma para conseguir aquello por lo que siempre he luchado: una sociedad mejor donde todos podamos vivir en libertad, con igualdad y fraternidad, con plenitud de derechos. Seguramente esto es lo que, a ojos de algunos, me convierte en antisistema, y reconozco que sí, lo soy, porque no estoy dispuesto a cruzarme de brazos y seguir viviendo en un sistema donde a la gente se la persigue por pensar diferente, por reunirse, por intentar decidir su futuro, por manifestarse o por escribir canciones o tuits que no gustan al poder establecido... En ese sentido soy tremendamente antisistema.

Por formación, o deformación, soy internacionalista. El hecho de admitir esto y defender a un grupo de políticos soberanistas catalanes podría suponer, para personas de corta visión, una incongruencia, pero nada más lejos de la realidad, porque el internacionalismo, en términos del siglo XXI, debe ser entendido a partir de la igualdad de derechos entre los distintos pueblos y la desaparición definitiva del colonialismo en cualquiera de sus formas... también del existente dentro de un mismo Estado.

La solidaridad y organización que debe existir entre los ciudadanos no puede verse limitada por la voluntad de algunos, y solo desde el pleno ejercicio de los derechos civiles y sociales los ciudadanos de los diversos países podrán ser libres para cooperar con los de otros y, juntos e incluso revueltos, construir una sociedad más justa.

Como jurista, fui crítico con la forma en que se desarrolló el *procés* —para demostrarlo están mis escritos de esas fechas—, pero soy mucho más crítico con la represión que siguió a un acto marcadamente democrático como el referéndum del 1 de octubre de 2017 y, sin duda, siempre he tenido claro de qué lado de la historia quiero estar: jamás junto al represor y siempre junto al reprimido, porque en materia de derechos humanos la equidistancia no existe.

Este libro recoge las vivencias de uno de los años más intensos de mi vida, y créanme que los he tenido muy intensos, pero también de uno de los periodos más felices en lo profesional y en lo humano; de una parte, porque he podido ejercer el Derecho en el que creo y, de otra, porque he conocido a gente maravillosa que ha sabido reconocer el trabajo realizado y agradecerlo con muestras de cariño y respeto que solo había vivido, breve e intensamente, en Gaza en febrero de 2009, después de la operación «Plomo Fundido».

Hace algunos años, una amiga periodista me preguntó por

mi implicación en la defensa de los derechos del pueblo palestino y mi respuesta fue: «Esta es mi última gran batalla jurídica, así que me tengo que esforzar al máximo». No sabía que tendría que tragarme estas palabras, pero ocurre que cada vez que veo una injusticia veo un campo abonado para buscar una sociedad mejor a través de las herramientas en las que soy más ducho, las del Derecho. Seguramente ni Palestina ni Catalunya serán mis últimas batallas, pero quiero dejar constancia aquí de cómo hemos construido una estrategia de defensa que no persigue la individualidad, que no busca defender a alguien en particular sino la generalidad; defender, a través de concretas personas, los derechos de un pueblo que, mayoritariamente, decidió cambiar su futuro: el pueblo catalán, al que tanto he aprendido a querer y admirar.

Hace dieciséis años estaba en prisión, terminando de cumplir una injusta condena por unos hechos en los que no tuve ninguna participación pero que fueron abordados, en un enjuiciamiento, igual que se está haciendo con el *procés*: como una cuestión de Estado. Fui detenido en enero de 1992 y acusado de participar en dos secuestros junto a ETA, el de Diego Prado y Colón de Carvajal y el de Emiliano Revilla; en 1993 salí en libertad provisional y entré a cumplir la pena el último día de juicio en que se solicitó mi ingreso en prisión.

Todo el caso se sustentó en la declaración prestada en comisaría, y jamás ratificada, de una persona que no compareció en el juicio y a la que, por tanto, nunca pudimos interrogar sobre sus dichos. El secuestro de Prado y Colón de Carvajal tuvo lugar cuando me encontraba en el Colegio en Chile y el de Revilla mientras estaba en Chile celebrando las bodas de plata de mis padres. Finalmente fui condenado a 14 años, 8 meses y 1 día de prisión por el secuestro de Revilla y absuelto del delito de pertenencia a organización terrorista; de esos 14 años y 8 meses cumplí 7 años, 11 meses y 23 días porque la condena fue en base al Código Penal de 1973, en el que estaban previstas las redenciones que fui acumulando por estudiar.

Nunca aceptaré haber tenido ninguna participación en dicho secuestro porque no la tuve, ni en ese ni en ningún otro, pero sí he aprendido a vivir con el estigma de haber sido condenado por algo que no he hecho; lo malo es que no solo cumplí una pena injusta sino que en cada ocasión se me recuerda, como si alguna culpa tuviese, con la única finalidad de desprestigiarme... A falta de argumentos jurídicos para rebatirme siempre sale a relucir el ataque personal.

Durante todo el tiempo que estuve en prisión siempre tuve claro a qué me dedicaría al salir, lo único que no sabía era cuán lejos se puede llegar si uno así se lo propone. Cuanto más cansado estoy o más compleja es la situación a la que me enfrento recuerdo las palabras que hace varias décadas me dijo mi querido tío Toño: «La suerte no existe, se construye». En el caso de Palestina y en el de Catalunya, por muy difíciles que sean las cosas, hay que tener presente que costará, se sufrirá y será duro, pero todo se andará y más temprano que tarde se conseguirá aquello por lo que se han decantado una mayoría de los catalanes.

El conflicto entre Catalunya y España nunca debió llegar al ámbito judicial; ese no solo fue un error político sino también histórico. Pero ya enmarañados en lo procesal, no podrá haber solución política sin antes desenredar el laberinto judicial que tan pérfidamente se ha construido para privar a los catalanes, y en el fondo a todos los que discrepamos de la visión oficial, de los derechos más fundamentales. Los abogados nunca debimos ser protagonistas de esta historia, sino meros consejeros que diesen barniz legal a acuerdos o desacuerdos políticos; sin embargo, hoy nos está tocando jugar un papel y hemos de hacerlo en función y a través de los instrumentos que mejor conocemos, los jurídicos. Al mismo tiempo, debemos ser conscientes de que el nuestro es un papel provisional y que solo cuando hayamos desaparecido de la primera línea estaremos en el camino correcto para la resolución del conflicto.

Mi querida tía Graciela me envió en 1992, a través de unas monjas, a la prisión —fue lo primero que recibí allí— una pequeña agenda con una nota que, entre otras cosas, decía: «La memoria es débil, apúntalo todo que será tu mejor guía». Ahí entendí que cuando uno vive momentos intensos, en algunos casos históricos, no lo puede fiar todo a la memoria.

A pesar de las notas, y de la lección de mi tía Graciela, el libro lo he ordenado, o desordenado, en función de cómo fui viviendo los acontecimientos; en algunos momentos hay saltos hacia atrás que tienen que ver con cómo iba viendo las cosas. En paralelo a todo este trabajo, llevaba y llevo otras muchas causas penales sobre las cuales no he hablado porque, de una parte, no tienen relación con este caso y, de otra, porque todas, por muy diferentes que sean, muestran un denominador común: defiendo el derecho de defensa y los derechos fundamentales de todo aquel que así me lo encomienda y, a diferencia de lo que piensan algunos, no se trata de derechos selectivos sino fundamentales, inherentes a todo ser humano, venga acusado de lo que venga acusado.

Por las propias dinámicas de mi trabajo y la vorágine de este año largo, el libro lo he escrito en diversos momentos a caballo entre varios países y situaciones, en distintos hoteles, salas de espera de aeropuertos, aviones, trenes, ratos libres o en el mar, pero hay un hilo conductor que es la memoria de lo vivido. He tratado, en todo momento, de ajustarme al máximo a la realidad, respetando el cómo y cuándo sucedieron los hechos. De haber procedido igual el Tribunal Supremo, hoy no habría ningún político catalán preso.

En Ramallah, Palestina, a 2 de julio de 2018

1

La salida

Muchos están convencidos de que conozco todos y cada uno de los detalles de la salida de Catalunya hacia el exilio tanto del president Puigdemont como de sus consellers, pero ya adelanto que no es así, o que la mayor parte de esos entresijos los he conocido con posterioridad y a través de quienes realmente los vivieron… Siguen equivocados. Mi papel fue, y sigue siéndolo, meramente como abogado o asesor jurídico.

Para mí, este caso comenzó el 28 de octubre de 2017, cuando regresaba de Calcuta tras asistir a una reunión del Consejo de la FIFA en representación de la Federación Palestina de Fútbol (PFA). Fue un viaje agotador tanto por la intensidad del trabajo que allí tenía que realizar como por las puñaladas que recibimos de parte de personas muy cercanas, o eso creíamos, a la PFA, así como las peripecias propias de cualquier viaje con muchas escalas y escaso tiempo de conexión.

Salí de Calcuta sobre las 6 de la mañana hora local y, después de una escala con su respectivo cambio de avión, volé a Dubái para hacer allí otro trasbordo a un vuelo que me traería a Madrid. Había dormido poco los dos días que estuve allí y, además, venía con problemas estomacales, mezcla de una dieta que estaba realizando y del abuso del picante que tanto me gusta y que en la India saben preparar de una forma inigualable; picaba hasta el desayuno, pero en esos momentos no me importó y abusé.

Al aterrizar en Dubái conecté mi teléfono y me encontré con una serie de llamadas perdidas de Jaume Asens. Somos amigos desde 2006, cuando tuvo lugar en Barcelona el juicio por los hechos del 4-F, en el que se juzgó a unos jóvenes que asistieron a una fiesta en una casa ocupada del centro de Barcelona donde, después de una carga policial, resultó gravemente herido un guardia urbano. Esta causa generó una gran tensión en Barcelona y luego fue muy bien explicada en el documental *Ciutat morta*. Jaume Asens acudió al juicio como observador de la Comisión de Defensa del Colegio de Abogados de Barcelona.

A pesar de lo que dice la prensa de extrema derecha, Jaume Asens no era el abogado de Rodrigo Lanza en el juicio del 4-F, sino que lo era yo. Él solo fue uno de los muchos observadores que asistieron a un juicio que también marcó mi vida profesional y sobre el que mucho se ha dicho y escrito. Durante sus largas jornadas, nos conocimos, vimos que existía mucha sintonía en lo personal y en lo profesional y, a partir de ahí, hemos mantenido una gran amistad.

Quienes conozcan a Jaume Asens saben que recibir en un mismo día —o en una misma semana o en un mismo mes— varias llamadas suyas no es algo habitual, y mucho menos con ese nivel de insistencia. Así pues, le llamé inmediatamente: sabía que algo estaba pasando.

Lo primero que hizo fue preguntarme si podíamos hablar desde un fijo, y eso me bastó para tener claro que se trataba de algo serio. Le contesté que estaba haciendo escala en Dubái y por el momento no era posible. Me insistió: «¿En cuánto rato más podemos hablar desde un fijo?». Miré mi tarjeta de embarque, hice mis cálculos y contesté: «Dentro de unas ocho o diez horas más estaré en casa». Jaume Asens, sin entrar en más detalles, me dijo: «Vale, espero tu llamada. No te olvides». Como si el de la mala memoria fuese yo.

Una llamada así, entre amigos pero sobre todo entre abogados que llevamos temas complejos y delicados, ya anunciaba que venían curvas. No dejé de pensar en qué podría ser, por lo que aproveché el resto de la escala para mirar la prensa española, descargar algunas noticias que intuía que podían estar relacionadas con la misteriosa llamada de Jaume Asens y poco más; en realidad estaba cansado y necesitaba dormir, así que nada más despegar fue lo que hice para despertar un par de horas después, absolutamente despejado, con una idea en la cabeza: «Esto tiene que ver con el Govern...». No existían datos ni elementos que, por un análisis lógico, me permitiesen llegar a tal conclusión, pero sí un nivel importante de convencimiento basado, exclusivamente, en la intuición.

El resto del viaje, que se me hizo eterno, lo dediqué a pensar en lo que podía estar pasando; llevaba dos días en que prácticamente no había leído la prensa sino solo sus titulares, pero imaginaba que la situación era grave, y si Jaume Asens me llamaba era porque había que encontrar una respuesta jurídica... Las preguntas que me daban vueltas eran «¿cuál es el problema?» y «¿qué tipo de solución necesita?». Mi intriga iba a más y el reloj avanzaba lentamente. Nunca me ha gustado volar, y mucho menos en momentos como ese, en que necesitaba matar mi curiosidad y no tenía cómo hacerlo.

Al llegar a Madrid intenté localizar a Jaume Asens pero me resultó imposible, por lo que decidí tumbarme un rato e intentar dormir algo. Justo cuando lo había conseguido, comenzó a vibrar mi móvil: era Jaume Asens, que me pedía de nuevo un fijo para hablar. Le di el teléfono de casa y en cuestión de segundos estábamos al habla en una de las conversaciones más esotéricas que he tenido en años... Si hubiésemos estado preparando el atraco a un furgón blindado igual habríamos hablado más claramente.

Lo primero que hizo Jaume Asens fue hablarme de su amistad con un tal Toni Comín, que era conseller de Sanitat y no sé cuántas cosas más; todas me entraban por un oído y me salía por el otro, porque me parecía una mera introducción que impedía entrar en el fondo de la cuestión.

Como tengo poca paciencia, llegó un momento en que pregunté: «Bueno, ¿cuál es el problema realmente?». Jaume contestó: «Claro, es por lo que te llamaba» pero, en lugar de explicarme el problema, comenzó a interrogarme sobre lo que yo sabía o no sobre el *procés*, las declaraciones del entonces fiscal general José Manuel Maza, las intenciones del fiscal general José Manuel Maza de querellarse en contra del Govern catalán, etc. Aun así, seguíamos sin entrar en materia.

Llegados a un punto le dije «Jaume, ¿qué necesitas?», y él contestó con una escueta pregunta: «¿Tú qué harías?». Sin más detalles y sin siquiera pensarlo, respondí: «Irme, hay que salir de aquí ya». Creo que era la respuesta que Jaume estaba esperando, porque, sin lógica alguna, me soltó: «¿Cómo y para qué?».

Obviamente yo no sabía cómo hacerlo pero le di las siguientes pautas: que salgan ya, que no lleven los teléfonos ni vayan en sus coches, que lleven efectivo y se muevan de la forma más discreta posible, pues todos ellos son gente muy conocida. Lo que yo en esos momentos no sabía era que ya habían salido de Catalunya y se encontraban al otro lado de la actual frontera hispano-francesa.

La pregunta que le preocupaba a Jaume Asens no era el cómo sino el para qué, y ahí comencé a exponerle mi idea de lo que se podía hacer, cuáles serían las consecuencias, cómo habría que trabajarlo y desde dónde. No paraba de sacarle diversos temas y Jaume Asens, con mucha delicadeza porque no quería cortarme el rollo, pero también con gran firmeza, me preguntó: «¿Puedes hacer un breve informe y ponerme todo esto por escrito?». Le contesté que sí y me dijo: «Acuérdate de que son políticos, así que explícalo claramente. «Lo tendrás en media hora», fue mi respuesta.

Nada más colgar saqué mi ordenador, me instalé en la cocina de casa, donde mi hija pequeña estaba viendo la tele, y me puse a redactar un documento que titulé «Efecto Dominó». Elegí el nombre porque sabía que la estrategia que se me ocurriría tendría muchas fases y lo que había que hacer era una suerte de construcción por piezas que, al final y solo tocando una de ellas, generase la caída de todas las demás hasta llegar al objetivo final: el efecto dominó.

Minutos más tarde entró Isabel, mi pareja y compañera en todas las luchas, y comenzó a hablar de las vacaciones de Navidad, de que su madre vendría con nosotros y no sé cuántas cosas más; yo estaba absorto en mi redacción y me limité a contestarle «Ahora no, Isa», pero ella insistió sin ser consciente de lo que estaba sucediendo. Giré el ordenador y le mostré lo que estaba haciendo. Isabel, sin más, me ofreció un café y no volvimos a hablar hasta que terminé el documento, que sería el comienzo de una serie sobre la cual se construyó toda la estrategia internacional que hemos desplegado desde entonces.

Quien mejor explica la relevancia del «Efecto Dominó» y de la serie de documentos que lo siguieron es Toni Comín, quien por entonces no era más que un nombre en algunas noticias de prensa que había repasado con prisa pero que al convertirse en uno de los destinatarios supo ver, desde el primer momento, que esa era la solución.

Una vez terminado el documento y revisado por Isabel, que es quien revisa todos mis escritos, logré cargarlo en una aplicación segura y se lo envié a Jaume Asens, que me contestó «Lo leo y te digo». Ese «te digo» tardó varias horas en materializarse, lo cual me intrigó y hasta cierto punto me puso nervioso, porque no entendía qué podría estar cuestionando Jaume Asens de un documento sobre una materia que yo dominaba y él no... Luego descubrí que no había cuestionamientos sino una compleja situación logística: por razones de seguridad, «Efecto Dominó» tardó un buen rato en llegar a su destino: las manos de Toni Comín.

Por la noche me volvió a llamar Jaume Asens para decir que el documento ya lo tenía el tal Toni; explicarme, por segunda vez, su amistad con Toni y la hermana de este y, ya de pasada, darme una serie de nombres de personas que no conocía y que entonces me parecían irrelevantes. Entre que le envié el documento y volvimos a hablar me leí todo lo que pude de lo sucedido en los últimos días en Catalunya para asegurarme de que estaba entendiendo bien el escenario y la situación que se avecinaba.

No fueron pocas las veces que esa noche Jaume Asens me preguntó «¿Estás seguro de que esto se puede hacer?». Y la respuesta siempre fue la misma: «En teoría claro que se puede, solo tenemos que ponerlo en práctica, pero estoy seguro de lo que digo». Nuestra amistad siempre se ha asentado no solo en el cariño sino en el mutuo respeto intelectual y en el convencimiento de que ambos decimos lo que pensamos… guste o no.

Sobre la medianoche del domingo 29 de octubre, Jaume Asens me mandó un mensaje bastante críptico pero que no tuve problemas en descifrar: «Ya está, irán donde dijiste y ahora te toca a ti». Entendí, erróneamente, que ya habían terminado de salir de Catalunya, cosa que habían hecho el día anterior, y que me correspondía comenzar a gestionar lo que decía mi documento.

Propuse cinco destinos: Reino Unido, Irlanda, Holanda, Bélgica y Alemania. Respecto de este último país, hice una salvedad que tenía que ver con el reciente caso de Dogan Akhanli, escritor turco-alemán que había sido detenido en España en agosto de 2017 acusado por Erdogan de «terrorismo» por haber escrito en defensa de los derechos del pueblo kurdo; me encargué de su defensa y por eso conocía bien el tema: finalmente se denegó la entrega a Turquía a un elevado coste político para el gobierno de Merkel, que tuvo que mover Roma con Santiago para que España denegase su entrega, con lo que no me parecía el destino más adecuado en esos momentos y condiciones. En todo caso, el destino final fue Bélgica y, por tanto, me tocaba contactar con Christophe Marchand, belga, abogado, amigo de muchos años y batallas. Era tarde pero Christophe duerme poco, se acuesta tarde, y, además, me daba un poco igual. Sabía que cuando le explicase el tema entendería la hora.

Le contacté por una aplicación segura y tardó escasos segundos en contestar. Después de los saludos de rigor, preguntarnos por nuestras respectivas familias y esas cosas que siempre se han de hacer, me espetó un «Bueno, ¿cuál es el problema?», a lo que le contesté: «Ninguno, no hay problema, solo un gran desafío». Aún resuenan en mi cabeza sus carcajadas... Nos conocíamos bien y él sabía que el término «desafío» implicaba muchas más cosas, sin duda, algunas muy complejas.

Traté de ser lo más didáctico posible hasta que Christophe me interrumpió diciéndome: «Gonzalo, estoy en Lanzarote y leo la prensa; vamos al grano que estoy con mi novia y mi hija de vacaciones». Como era evidente que sobraban los decorados, entré en materia y le indiqué que en pocas horas llegarían a Bruselas unos cuantos miembros del Govern catalán, y que había que montar un equipo jurídico de manera urgente para defenderles de una más que probable OEDE (Orden Europea de Detención y Entrega).

Christophe me pidió un análisis de tiempos y le expliqué que ese lunes, ya 30 de octubre, la Fiscalía interpondría la querella, que lo más seguro era que se admitiese a trámite el mismo día o al día siguiente y que a partir del 2 o 3 de noviembre comenzarían las detenciones y los ingresos en prisión. Le indiqué que esas eran mis previsiones pero que no sabíamos nada más que lo que decían los medios de comunicación.

Me explicó que lo del equipo jurídico no era problema, que lo montaría con Michell Hirsh y Annemie Schaus y que le diese su teléfono a ese tal «Tino o como se llame», refiriéndose a Toni Comín. En realidad este ya lo tenía, porque fue lo primero que les di teniendo el convencimiento de que Christophe se embarcaría en esto. En todo este asunto siempre he contado con amigos, nos conocemos y sabemos trabajar rápido y basados en la confianza.

Tal cual habíamos previsto, esa misma mañana del 30 de octubre la Fiscalía General del Estado presentó sendas querellas ante el Tribunal Supremo y la Audiencia Nacional. En paralelo, Jaume Asens y yo seguimos hablando para ir avanzando en la defensa desde Bélgica y, al poco rato, me llamó Christophe para decirme que no se llamaba Tino sino Toni, como si fuese yo el que estaba confundido, y comentarme que ya estaban en contacto.

Ese mismo lunes, y ya desde primera hora, comenzó a circular el rumor de que el Govern había salido al exilio. Y lo presentaron como una huida, pero nadie tenía confirmación... Bueno, algunos sí la teníamos pero no podíamos hablar de ello, lo que me ponía en una situación muy compleja con uno de mis grandes amigos, Nacho Escolar, director de *eldiario.es*, quien me contactó para preguntarme mi opinión sobre el escenario legal que se abría a partir de esas nuevas querellas. Se lo expliqué, de forma neutra, sin poder decirle lo que iba a suceder, o mejor dicho lo que ya había sucedido.

Como era lógico, en esas horas le insistí mucho a Jaume en que era necesario que hablase directamente con Toni. Aquel me decía que sí, que me llamaría en cualquier momento; con el tiempo he descubierto que si Jaume Asens es informal con el teléfono Toni lo es más y, en esta ocasión, ni tan siquiera tenía un teléfono desde el que llamarme, por lo que hablé con él, por primera vez, la noche del 31 de octubre, cuando ya se había hecho público que estaban en Bélgica, se sabía de la admisión a trámite de la querella y estaban ya todos citados para el 2 de noviembre. Todo ello encajaba con el análisis previo que había hecho para ellos en «Efecto Dominó».

En todo caso, en esos momentos nuestra prioridad con Christophe era poner en conocimiento de las autoridades belgas la presencia allí del president Puigdemont y los miembros del Govern para, de esa forma, evitar una detención y asegurarnos de que el proceso de la OEDE se realizase con ellos en libertad. Eso era esencial desde una perspectiva política, humana y jurídica, por lo que nos volcamos en ello.

Algo que nunca han aceptado, ni en la Audiencia Nacional ni en el Supremo, y mucho menos en Fiscalía, es que en el resto de países europeos existe un entendimiento y aplicación democrática de las normas penales y procesales y, por tanto, la prisión provisional es el último recurso, una medida de la que no se puede abusar; por eso fue prioritario dejar claro a las autoridades belgas que nuestros defendidos no tenían intención alguna de huir y que cuando ellos los citasen comparecerían.

Mientras trabajábamos en consolidar esa situación, el president Carles Puigdemont había contactado a otro abogado belga que había llevado muchos procesos de extradición, incluidos algunos casos de miembros de ETA. Se trataba de Paul Bekeart, letrado flamenco del que yo tenía muy buenas referencias y con quien, a lo largo de todo este tiempo, he establecido una excelente relación.

Puse en conocimiento de Christophe este hecho; él se coordinó inmediatamente con Paul y ambos comenzaron las gestiones con la Fiscalía de Bruselas. Una gran diferencia en la profesión entre lo que pasa dentro y fuera de España es la cooperación, lealtad y respeto mutuo entre los compañeros, lo que hace muy sencillo trabajar con gente de distintos despachos.

En ese punto tuvimos que tomar la primera decisión jurídica relevante: elegir el idioma y, por tanto, la jurisdicción ante la que queríamos presentar a nuestros defendidos. Valoramos, siempre utilizando un sistema de comunicación seguro, las alternativas, los pros y los contras de actuar en francés o en flamenco; finalmente, nos decantamos por acudir a los tribunales flamencos para, de esa forma, ganar tiempo con las traducciones.

Como muchas cosas en este caso, la realidad es bastante distinta a lo que se ha especulado y escrito. Decidimos llevar a nuestros defendidos a la jurisdicción flamenca porque consideramos que, como en España casi nadie habla flamenco, tendríamos una ventaja: actuando en ese idioma ganaríamos tiempo, que era lo que por aquel entonces necesitábamos, porque todo nos desbordaba y habíamos comenzado una batalla jurídica en la que enfrente teníamos a todo un Estado.

El 31 de octubre, con unas prisas inusitadas, la jueza Lamela, del Juzgado Central de Instrucción 3 de la Audiencia Nacional, admitió a trámite la querella de la Fiscalía y ordenó citar a todos los querellados para que compareciesen ante ella y prestasen declaración el 2 de noviembre a partir de las 10 de la mañana. Para mí esa fue la confirmación de que la idea era encarcelarlos a todos. Así se lo comuniqué a Jaume y, a través de él, a Toni, quien hasta entonces no era más que un nombre para mí.

La querella contenía un relato de hechos que no solo no se correspondía con la realidad de lo sucedido en Catalunya, sino que, como se demostraría más adelante, conllevaba una visión franquista de la misma y una conceptuación antidemocrática del Derecho Penal. Esos hechos, esos malditos hechos se transformarían, con el pasar de los meses, en la pesadilla europea primero de Lamela, luego de Llarena y, en todo momento, de la propia Fiscalía. El único sustento probatorio con el que contaba ese dislate de querella era una serie de artículos de prensa, de un sector de la prensa, y nada más... y con eso pretendían triunfar, jurídicamente hablando, en Europa.

La noche del 31 de octubre Toni me contactó directamente a través de un teléfono con un número muy raro. Estuvimos hablando y me dijo que había varios consellers que habían decidido regresar a Catalunya pero que él, el president Puigdemont y otros consellers no pensaban volver. Le expuse mi convencimiento de que todos los que estuviesen en España irían a prisión y mi visión del caso, que la única forma de internacionalizar el conflicto, desde una perspectiva jurídica, era que ellos permaneciesen en Europa, así como lo que fuésemos a hacer en los procedimientos de OEDE; igualmente le indiqué que era necesario que me enviase un escrito de designación para poder personarme en la Audiencia Nacional y comenzar allí la defensa.

Toni, a quien solo conocía de esa conversación, fue muy claro: me planteó una serie de dudas y, sobre todo, me hizo preguntas que marcarían el desarrollo posterior de la estrategia de defensa. Como no paraba de hablar y de preguntar le dije: «Te voy a preparar un documento y te lo haré llegar para que tengáis claro lo que estoy planteando y cómo lo podemos hacer». Su respuesta fue clara: «Perfecto, lo espero y hablamos».

Me puse a redactar el documento y lo llamé «Dominó 2»;

en él expliqué las particularidades del proceso de OEDE, cómo los defenderíamos y las consecuencias que ese trabajo podría tener de cara a las personas que se presentarían el día 2 de noviembre ante la Audiencia Nacional. También fui rotundo sobre un hecho que nadie parecía asumir: en España todos irían a prisión porque ese era el objetivo pretendido por la Fiscalía, que contaría con el apoyo de la jueza Lamela. La única línea de defensa que quedaría sería la que montásemos en el extranjero.

«Dominó 2» fue revisado, como no podía ser de otra forma, por Isabel, y de ahí se lo mandé a Jaume Asens, que lo remitió a Toni por algún cauce que desconozco. Este, al poco de recibirlo ya avanzada la noche del 1 de noviembre, me llamó para darme las gracias e indicarme que el documento no solo era una hoja de ruta jurídica sino también un relato, que tirásemos para adelante.

En paralelo, muchos periodistas me estaban haciendo preguntas, pero no porque pensasen que yo tuviese algo que ver con el caso, sino porque siempre he llevado temas de extradiciones y, sin duda, necesitaban saber cuál era el escenario que venía. Hasta ese momento nadie me asociaba al caso y eso era un buen indicador de que estábamos volando por debajo del radar.

Hasta ese momento, cerca de la medianoche del 1 al 2 de noviembre, yo seguía sin recibir el escrito de designación para poder personarme y presentarme en la Audiencia Nacional a la mañana siguiente. Me preocupaba mucho que no lo enviasen porque, como no nos conocíamos de nada, pensé que a lo mejor era porque no confiaban en mi estrategia o que ya me habían googleado y eso les había generado desconfianza; meses después supe que no lo enviaban por la precariedad en la que se encontraban y la falta de recursos técnicos para hacerlo.

Sobre las 3 de la mañana me llegó el e-mail de Toni designándome abogado y otro de una tal Meritxell Serret cuyo nombre era la primera vez que escuchaba. Intenté dormir un rato más y sobre las 5 de la mañana me levanté, tomé mi dosis habitual de café, leí la prensa, me duché, saqué a pasear a nuestra perra y me fui al despacho sobre las 6.30 para poder enviar por fax y Lexnet los escritos de personación como abogado antes de irme a la Audiencia Nacional.

Llegué a la Nacional sobre las 8.45 de la mañana y, para mi sorpresa, estaba todo lleno de periodistas, policías, curiosos y manifestantes fascistas pidiendo el ingreso en prisión de todos los querellados. Saludé a muchos de los periodistas allí presentes, a quienes conocía de múltiples casos, pero ninguno imaginaba que yo pudiese estar allí por «el tema» de esa mañana; en realidad todos me saludaban por cortesía pero sin mayor interés, ya que esperaban a los abogados de «los catalanes» y a los propios querellados, que era donde estaba la noticia.

Aprovechándome de esa situación, entré discretamente en el edificio donde se encuentran las salas de declaraciones y juicios y bajé hasta la correspondiente al juzgado central 3. Solo estaba la funcionaria encargada y la secretaria judicial (o letrada de la Administración de Justicia, que es como ahora se denominan) y les indiqué que venía en nombre de Toni Comín y Meritxell Serret.

A los pocos minutos salió la funcionaria al pasillo y me preguntó: «Pero ¿usted por qué ha venido si ellos están huidos?». Mi respuesta fue: «No hay ningún huido, ellos se fueron a vivir a Bélgica antes de la querella y queremos que se les tome declaración por videoconferencia». Su sorpresa fue mayúscula y me dijo que informaría a su señoría.

Más tarde, ya sobre las 9.30, comenzaron a llegar los querellados y sus abogados. A algunos los conocía por la prensa y, a otros, por diversos procedimientos, pero estaba claro que ellos venían en un grupo y yo pertenecía a otro o a ninguno; a pesar de ello, en un momento dado pudimos comentar la situación y les dije que en mi opinión irían todos a prisión; les expliqué las razones y analicé la estética o escenografía del momento.

Todo estaba a la vista: nos encontrábamos en el pasillo del sótano -1 y estábamos rodeados de policías, no precisamente para protegerlos sino para detenerlos. En esos momentos nadie pareció hacerme caso y, mientras trataba de convencerlos de lo que iba a suceder, apareció Miguel Ángel Carvallo, el fiscal del caso y a quien conocía desde hacía años.

Me acerqué a él, le expuse la situación de Comín y Serret y nuestro deseo de que declarasen por videoconferencia; Miguel Ángel me miró con cara de incredulidad o de lástima, como diciendo «No te estás enterando». Ante su silencio le indiqué que esa mañana había presentado los escritos de designación, de personación y una solicitud formal para que les tomasen declaración por videoconferencia… Ante mi insistencia dijo: «Vale, ya lo veremos», y eso es lo último que hemos hablado desde entonces.

Sobre las 10.30 llegó la jueza Lamela y dieron comienzo las declaraciones; no me dejaron entrar, así que dejé constancia de mi protesta y me marché. No tenía sentido quedarme allí toda la mañana si era evidente que no podría estar en las declaraciones ni en las posteriores vistillas para adoptar medidas cautelares. Salí del edificio y se me acercaron muchos periodistas, que ya sabían que defendía a algunos de «los catalanes», a preguntarme qué había pasado, por qué no me dejaban entrar y cualquier tipo de detalle que les permitiese dar alguna noticia mientras se producía la auténtica noticia, la que todos ellos estaban esperando: el ingreso en prisión de los miembros del Govern catalán.

De camino al parking de Salesas fui hablando con periodistas a los que conozco desde hace más de una década; todos me insistían en que era una locura eso de huir a Bélgica, que vendrían entregados en menos de un mes, que los hechos eran gravísimos y que ningún país europeo les protegería. Intenté explicarles que las cosas no eran así, que en Europa existe una visión y aplicación distintas del derecho y que en cualquier país democrático sabrían distinguir entre lo que realmente es una rebelión y/o sedición y lo que no es más que el ejercicio de derechos fundamentales como la libertad de expresión, reunión, manifestación, etc.

No les interesaba, ellos tenían una visión y no querían que un iluminado les contase historias que no se sostenían y que, además, les estropeaba el relato que les habían vendido desde Fiscalía, el Supremo y la propia Audiencia Nacional. Era todo tan evidente para mí que decidí irme rápido al despacho para informar a Toni y Meritxell, hablar con Jaume Asens y comentar todo lo sucedido con Isabel.

Esa tarde del 2 de noviembre, tal cual escribí el 29 de octubre y el 1 de noviembre, la jueza Lamela decretó la prisión provisional para Oriol Junqueras, Jordi Turull, Josep Rull, Meritxell Borràs, Raül Romeva, Carles Mundó, Dolors Bassa y Joaquim Forn; lamentablemente, mis predicciones se habían cumplido pero no estaba contento, más bien preocupado porque acertar, en casos como este, tiene como consecuencia que gente que nada ha hecho termine en prisión.

Uno de los argumentos utilizados por Lamela, y que sería luego sobado y ajado por Llarena y el Supremo, sería el del riesgo de fuga basándose en que otros miembros del Govern se habían fugado ya; en realidad esa excusa no es más que una aberración jurídica impropia de quienes pretenden presentarse como la cúspide de la carrera judicial.

La prisión provisional es una medida cautelar de carácter personal que ha de adoptarse con criterios estrictamente individualizados, y el comportamiento de un determinado sujeto no puede condicionar la situación personal de otro. Eso lo sabe cualquier juez, pero en el relato que se ha construido en torno a esta causa no les encajaba.

No había ni hay huidos, y eso les cuesta asumirlo, pero tiene una razón de ser: en todo momento, incluso antes de cursarse la primera OEDE, las autoridades belgas eran conocedoras del paradero de nuestros defendidos, parte esencial de la estrategia relativa a la libertad provisional; además, dentro de un espacio común europeo nada debe impedir la libre circulación de los ciudadanos, por lo que no existía motivo para ocultar un hecho así.

Igualmente, ese relato sobre los supuestos «huidos» se cae por la simple razón de que algunas de las personas que Lamela envió a prisión estuvieron en Bélgica y aun así decidieron regresar y presentarse ante ella. La dura realidad desmonta los relatos que, de manera sucesiva, se irán construyendo, primero desde la Audiencia Nacional y luego desde el Supremo, para justificar lo injustificable como se iría comprobando con el tiempo.

Este caso, como se ha visto, no solo es una confrontación política y judicial sino también de relatos, y tanto la Audiencia Nacional como el Supremo han ido tratando de instalarlos de forma sistemática hasta que la realidad se los ha desmontado uno a uno.

Sobre las 17.00 horas logré hablar con todos, incluido Christophe, que ya estaba en contacto con la Fiscalía de Bruselas pero que no terminaba de creerse que todos los consellers hubieran sido enviados a prisión. Ambos sabíamos que, a partir de ese momento, la pelota estaba en nuestro tejado y que la responsabilidad era muy alta; no podíamos fallar y teníamos que medir cada paso que diésemos. La presión sería brutal y se prolongaría en el tiempo, como sigo comprobando.

Esa noche dormí bien, tal vez muy bien, aunque no existía más que una razón para ello: no nos habíamos equivocado en cuanto a la previsión de lo que sucedería y habíamos aconsejado en función de unos parámetros que se cumplieron en su totalidad. El comportamiento de Lamela, como luego sucedería con Llarena, resultó del todo previsible y ello por algo muy sencillo: el guion lo traían escrito y se ceñirían a él.

2

Bruselas: primera etapa

Christophe seguía en Lanzarote pero conectado en todo momento con el equipo de Bruselas, con Paul Bekaert, Toni y conmigo. El ritmo era trepidante porque parecía que a cada momento surgía algo nuevo. Luego he tenido la sensación de que mucho de lo que iba apareciendo no eran más que especulaciones que mezclaban deseos y desconocimiento de la parte técnica que afectaba a este caso. Eso sí, mi teléfono no paraba de sonar y de recibir mensajes con complejas preguntas: eran periodistas haciendo su trabajo, que admiro y respeto, pero cuyas llamadas y mensajes me iban impidiendo centrarme en lo que tenía por delante.

En cuanto tuve conocimiento de que la OEDE había sido cursada informé a Christophe, a Jaume Asens y a Toni. Con este último iba desarrollando una relación de confianza que no dejaba de ser virtual, pues si por entonces le hubiese visto por la calle no habría sabido reconocerle. Sus preguntas sí que eran incesantes, incisivas y muy pertinentes; con el tiempo he descubierto que hasta que no está absolutamente seguro de un tema Toni no para de preguntar…, que es un pesado, vamos, pero que su insistencia sirve para hacer un análisis más profundo de cada cosa y que actúa como contrapeso de las ideas que uno va soltando a lo largo del tiempo.

Eran momentos muy agitados y, entre esta nueva causa y las que ya teníamos en el despacho —debía preparar un juicio en Bilbao y otro en Madrid—, Isabel y yo decidimos que lo reorganizaríamos todo para despejarme unos días, en cuanto a señalamientos y citaciones judiciales, porque en algún momento tendría que salir para Bruselas.

A una velocidad inusitada, la jueza Lamela cursó el viernes 3 de noviembre las OEDE a Bélgica, que fueron recibidas en la Fiscalía de Bruselas ese mismo viernes por la tarde sobre las 20.00 horas. El fiscal nos informó de que lo dejaría para el día siguiente, lo cual fue bueno porque dio tiempo a que Christophe regresase a Bélgica y se reuniese con el resto de abogados y los defendidos.

Como no podía ser de otra forma, se acordó con la Fiscalía de habla flamenca de Bruselas que Carles Puigdemont, Clara Ponsatí, Lluís Puig, Meritxell Serret y Toni Comín se presentasen ante la policía el domingo 5 de noviembre a las 10 de la mañana para, formalmente, materializar sus correspondientes detenciones e iniciar el procedimiento de las cinco OEDE.

La expectación por parte de la prensa española era tremenda, y como yo era el único de los abogados de los expatriados que estaba en Madrid, no paraban de llamarme. No obstante, no podía darles ningún dato porque parte esencial de nuestra estrategia de defensa consistía en trabajar transparente y discretamente con la Fiscalía belga y hacer que la «detención» y posterior comparecencia judicial fuesen lo más discretas y serenas posible.

Muchos querían verlos presos y entregados, confundiendo deseos con realidades; eso enturbiaba, en gran medida, la información que iba saliendo, que no se correspondía con la realidad.

Ese domingo fue largo, salí muy temprano de casa a la prisión de Valdemoro para visitar a un cliente, pasé de regreso por el supermercado y comimos en casa algo rápido; me habían invitado, para esa noche, al programa *El Objetivo* de Ana Pastor, y como ella es una periodista incisiva, quería preparar algunos temas para poder dar una información lo más didáctica y clara posible, teniendo presente lo que podía y no podía decir.

Llegué con bastante antelación al programa y, en paralelo, fui contrastando la situación con los abogados en Bruselas, que llevaban desde primera hora de la mañana encerrados con los defendidos, primero en comisaría y después en el juzgado. Teníamos las ideas muy claras pero ninguno quería dar por sentado cuál sería el resultado final de las comparecencias de ese día; en realidad lo que no queríamos era hacer público nada hasta que fuese oficial y esa noticia le correspondía darla a la Fiscalía belga. Entre lo que me decía Christophe y lo que iba viendo en los medios internacionales me hacía una idea, pero eran momentos muy tensos porque de esa comparecencia dependería parte esencial del efecto que se buscaba con el traslado del president Puigdemont y sus consellers a Bélgica. Mientras todo esto iba sucediendo también mantenía contacto permanente con Isabel y con Jaume Asens, a quienes les transmitía lo que sabía pero sin valoraciones de ningún tipo; no eran momentos para valoraciones.

Llegada la hora entré en plató y Ana Pastor comenzó a hacerme preguntas para las que sí tenía respuesta. Mientras, se iban intercalando imágenes en directo del Palacio de Justicia de Bruselas, comentarios del corresponsal allí destacado y miradas mías a mi teléfono. No es sencillo contestar a una profesional como Ana Pastor, pero, como me enseñó mi padre, no existen preguntas sino respuestas indiscretas, por lo que quien debía ser cauto era yo.

Casi al finalizar el programa me entró un mensaje de Emmanuelle, joven abogada e hija de Michell Hirsh, informándome de que, como habíamos previsto, todos quedaban en libertad y que Christophe me llamaría en cuanto saliesen. La llegada del mensaje debió cambiarme la cara porque Ana Pastor, como siempre con grandes reflejos y un sexto sentido muy acusado, se dio cuenta de que me habían llegado buenas noticias y me preguntó al respecto. Solo atiné a decir: «Me informan de que todos quedan en libertad». Por dentro sabía que la primera de las batallas se había ganado y que esa noche dormiría… poco pero bien.

Tras finalizar el programa me llamó Christophe y me explicó en detalle todo lo sucedido y los pasos que habría que seguir en los próximos días y semanas; en ese mismo momento acordamos que me iría a Bruselas ese martes, 7 de noviembre, para coordinarlo todo, ver a los clientes, explicar y desplegar el resto de la estrategia, hablar en persona sobre los diversos aspectos del caso y ver qué material necesitaríamos para sostener nuestra línea de defensa. Esa noche no era ya hora de trabajar, sino de felicitar por el trabajo bien hecho y dejarlo todo listo para la reunión del martes.

De camino a casa logré hablar con Toni, que estaba exultante, y seguidamente con Jaume Asens. Le mandé un mensaje a Isabel y me dijo que estaba esperándome, que era mejor hablar en casa. Una vez llegué se lo comenté todo, discutimos lo que había que hacer y nos fuimos a descansar un rato porque ese lunes teníamos que levantarnos muy pronto y el cansancio producido por la tensión se iba notando.

El martes 7 cogí el primer vuelo de la mañana a Bruselas; en esos momentos no podía prever cuántos viajes terminaría haciendo en lo que durase este caso, pero algo ya intuía. Habíamos quedado todos los abogados a las 12.00 en el despacho de Michell, a quien no conocía personalmente, y con los defendidos, a quienes tampoco conocía en persona, a las 14.30 horas. Nada más llegar al aeropuerto me estaba esperando Christophe, quien durante el viaje hasta el despacho de Michell fue explicándome una serie de detalles tanto de quién era quién en el equipo jurídico como sobre la situación procesal a la que nos enfrentábamos; por mi parte le expuse cuál era la estrategia global y cómo deberíamos ir poniéndola en práctica en cada una de las etapas.

Antes de ir al despacho de Michell fuimos al de Christophe, donde nos reunimos con Christophe Deprez, Crépine Uwashema, Stephane Jans y mi admirada Annemie Schaus para revisar rápidamente una serie de temas e ir juntos hacia allí. En su despacho nos esperaba la propia Michell, Nathalie Kumps, Sophie Colmant y Emmanuelle Debouverie. Tras los saludos y presentaciones de rigor entramos en materia: les expuse la situación jurídica y política en España y ellos plantearon una serie de preguntas que, una vez contestadas, dieron pie a que me informasen de la situación en Bélgica, que ya conocía por Christophe, y a que les hiciese una serie larga de preguntas de cuyas respuestas dependería otra serie de variantes tácticas que ya teníamos previstas.

Una vez que tuvimos claro los escenarios, las necesidades de la defensa y los plazos en los que nos moveríamos nos distribuimos las tareas. Entretanto llegaron Meritxell Serret, Lluís Puig, Toni Comín y Clara Ponsatí, pero no el president Puigdemont; en esos momentos no me pareció ni oportuno ni necesario preguntar por qué no estaba allí. Las presentaciones fueron rápidas y nos sentamos a exponer lo que íbamos a hacer, los riesgos, las ventajas, etc. No fue un diálogo ágil porque se estaba trabajando en tres o cuatro idiomas a la vez. También vino Raquel, que luego me enteré de que era la persona que iba a manejar los temas de comunicación y en esos momentos jugó un papel fundamental.

Para mí el francés nunca ha pasado de ser un idioma con el que resuelvo necesidades básicas o muy primarias como explicar a dónde voy, pedir la comida en un restaurante y poco más; lo leo sin dificultad pero no lo hablo y eso es porque cuando estaba en el colegio me pareció una buena idea pasar de las clases de francés y dedicarme a hacer el gamberro. Aún hoy me arrepiento, como le reconocí en octubre del 2017 a mi profesora de francés en un reencuentro que tuvimos en Chile para celebrar los 35 años de egresados del colegio.

La reunión se alargó bastante y terminamos sobre las 8 de la tarde, momento en que Christophe y yo decidimos irnos a cenar; necesitábamos comer algo y hablar de forma calmada sobre las implicaciones del caso y cómo abordar las distintas etapas. También era necesario tener claro que debíamos manejar el tema comunicacional de manera muy delicada y siempre coordinados con los defendidos, pues entre otras cosas, eran ellos quienes contaban con un equipo de comunicación en el que podíamos y debíamos apoyarnos. No era un tema excesivamente relevante pero sí preocupante, porque no podíamos hacer como siempre: improvisar lo que decíamos. Afortunadamente ya habíamos conocido a Raquel y sería en ella en quien más nos apoyaríamos.

A primera hora de la mañana del 8 de noviembre regresé a Madrid. Durante el vuelo no paré de darle vueltas a diversos temas que me preocupaban mucho; no eran tanto dudas jurídicas como existenciales y de organización; tenía claro que, a partir de entonces, mi agenda no solo se complicaría sino que además quedaría sujeta a la agenda judicial en Bélgica: que ese vuelo lo tendría que tomar muchas veces, como así ha sucedido y sigue sucediendo.

Al regresar me fui directamente al despacho, me tomé un café y me senté a hablar con Isabel y contarle todos los detalles de las reuniones, conversaciones, impresiones y decisiones que habíamos tomado. Bueno, no es que me sentase —tengo poca costumbre de sentarme—, pero entré en el despacho de Isabel y traté de relatarle todo de la forma más ordenada y detallada posible; ella no paró de hacerme preguntas que me sirvieron para ir recordando esos detalles e ir ordenando las ideas. Esa es nuestra forma de trabajar.

De las reuniones en Bruselas quedó claro el material que necesitaríamos para sostener los distintos apartados sobre los que construiríamos nuestra línea de defensa. Implicaba, claro está, mucha investigación, acopio de documentos, informes, noticias, etc., y luego un largo proceso de selección de aquello que, de una parte, sirviese a nuestra línea de defensa, y, de otra, fuese comprensible fuera de España.

Sí, una de las claves de la defensa seguida, primero en Bélgica y luego en Alemania y Escocia, se ha basado en explicar, en parámetros comprensibles más allá de los Pirineos, los hechos, la realidad que los rodea y las vicisitudes procesales y políticas que este caso implica. Dicho de otra forma: en saber traducir la realidad española para que sea comprensible fuera.

Siguiendo el procedimiento belga de OEDE, acordamos

con los abogados belgas una agenda de trabajo y las líneas generales que considerábamos imprescindible incluir en el documento con el cual nos opondríamos a la petición de la jueza Lamela. A partir de ese esquema, nos pusimos a trabajar para recopilar la documentación que sustentase nuestra tesis y permitiese acreditar que estábamos ante una persecución política. No era sencillo en el marco de la Unión Europea, pero tampoco lo veíamos imposible y el tiempo nos ha dado la razón. En el fondo lo imposible no existe, son límites que nos autoimponemos.

La jueza Lamela, en un intento de generar confusión en las autoridades belgas, marcó en el formulario de OEDE la casilla correspondiente al delito de «corrupción». Con ello intentaba que el procedimiento fuese por el cauce rápido, previsto para aquellos delitos que forman parte del llamado «catálogo» y sobre los cuales no cabe alegar impedimentos de doble incriminación. Su maniobra fue puesta en evidencia por el periodista de *eldiario.es* Gonzalo Cortizo y luego por las defensas, que informamos inmediatamente al fiscal belga. Este entendió, como no podía ser de otra forma, que la «malversación» no era un delito de corrupción y así lo puso en conocimiento del juez.

Marcar la casilla de «corrupción» no solo fue un error de estrategia sino uno de profundas consecuencias, porque abrió la primera grieta en la presunción de confianza que ha de regir entre las justicias de los distintos Estados miembros del sistema Euroorden. Lamela, al igual que luego Llarena y como siempre sucede con la Audiencia Nacional, no son capaces de entender que fuera de nuestras fronteras no gozan de buena fama y reputación.

Fueron días frenéticos en los que tuve que estar a mil cosas, pendiente de Bélgica, de otro juicio en Bilbao, del despacho, de muchas consultas por parte de diversos periodistas y de los defendidos en Bruselas, que estaban en una situación precaria y, si bien tenían confianza en lo que estábamos haciendo, presentaban dudas de todo tipo porque se enfrentaban a algo totalmente desconocido.

La batalla no solo era jurídica sino también mediática y, como ya he expuesto, había comenzado a instalarse un absurdo e interesado relato: los que habían ingresado en prisión lo habían hecho por culpa de los que se fueron a Bélgica. Ningún jurista serio compraba esa historia, pero esta servía, entre otras cosas, para generar división y, sobre todo, trasladar la culpa de la decisión de Lamela a los miembros del Govern que habían decidido defenderse en Bélgica. No es un tema menor y nos ha ido persiguiendo durante todo este tiempo, pero a partir de los resultados obtenidos luego se ha demostrado absolutamente falaz.

Cada día me pasaba un par de horas, como mínimo, hablando con Christophe y tratando de organizar distintos aspectos de la defensa que habíamos perfilado. Esta se basaba en, por una parte, acreditar que estábamos ante una persecución política, por otra en que no existían garantías de debido proceso y, finalmente, en que tampoco se daba el requisito de la doble incriminación, es decir, que los hechos por los que los reclamaban fuesen también delito en Bélgica. Se sustentaba en tres pilares que luego se ampliaron a un cuarto, el de la inmunidad, pero para eso faltaban aún algunas semanas que se harían eternas.

La parte más compleja en un proceso de detención y entrega en el ámbito de la Unión Europea consiste en quebrar el principio de confianza mutua sobre el que se asienta este sistema simplificado de extradición; explicarle a un juez belga que una jueza española estaba actuando en función de criterios políticos no era fácil, y por eso decidimos invertir el orden de nuestros planteamientos, comenzando por la falta de garantías de debido proceso para concluir que esta se sustentaba en que estábamos ante una persecución política. Básicamente se trataba de explicar todas las carencias procesales que los acusados tendrían en caso de ser entregados y conectarlas con la esencia misma del caso: estábamos ante la criminalización de la actividad política y eso, como se vería más adelante, marcaría el devenir de todo el proceso internacional.

Poco a poco íbamos recopilando documentos, datos, informes y demás detalles que nos permitirían abordar los diversos aspectos y demostrar la falta de garantías de debido proceso. La documentación se apilaba en mi escritorio y en el servidor del despacho procedente de sitios muy diversos; también de todo tipo de personas que me contactaban incluso por Twitter para hacernos llegar cosas que consideraban útiles y que, como luego se demostró, en muchos casos sí lo eran. El mérito de lo conseguido en Europa no es solo de los profesionales del Derecho que hemos trabajado en esta causa, sino también de muchas personas anónimas que han colaborado en diversa medida aportándonos datos, dando ánimos o incluso criticándonos, cosa que nos ha servido para valorar si estábamos haciendo lo correcto.

De cara a lo que teníamos que hacer, comenzamos con la vulneración sistemática de la presunción de inocencia, que se entiende mal en España tal como se ha configurado en Europa, pues puede ser violada cuando personas ajenas al proceso pero que forman parte del Estado presentan a una determinada persona como culpable antes de que haya sido enjuiciada. Es decir, un ministro, un fiscal, un policía, un diputado o un funcionario público pueden vulnerar la presunción de inocencia si atribuyen una culpabilidad apresurada a una persona que aún no ha sido enjuiciada. En este caso los ejemplos eran abrumadores, y cualquiera con algo de memoria se acordará de los más significativos: las declaraciones de connotados políticos y miembros del Gobierno o del propio fiscal general del Estado.

Como no parábamos de encontrar datos, y de lo que se trataba era de hacer una síntesis de lo más relevante, decidimos ordenar todo el material que íbamos recopilando en una «nube» a la que pudiésemos tener acceso todos los abogados involucrados en ambos países. Nuestros colegas belgas, a medida que iban viendo el material, se iban quedando más y más sorprendidos, pues para ellos resultaba inimaginable que toda una vicepresidenta del Gobierno dijese las cosas que había dicho Soraya Sáenz de Santamaría, o que el propio fiscal general del Estado llevase semanas tratando de golpistas a nuestros defendidos y amenazándoles con que terminarían en prisión, o que nombrasen el documento digital que contenía la querella con el poco acertado título de «Más dura será la caída».

Los consellers que se presentaron el día 2 de noviembre ante la jueza Lamela seguían en prisión, como Jordi Cuixart y Jordi Sànchez desde un tiempo antes, supuestamente por los hechos del 20 de septiembre. La situación era muy tensa tanto en lo político como en lo mediático y, sobre todo, en lo judicial; la jueza no nos permitía el acceso a la causa y no nos tenía por personados en base a una suerte de «rebeldía de facto», toda vez que insistía en que no se hallaban a disposición judicial y que, por tanto, no podían estar defendidos. Este es un criterio que contraviene diversas normas europeas, así como claras sentencias del Tribunal de Justicia de la Unión y del propio Tribunal Europeo de Derechos Humanos, pero en la Audiencia Nacional, y luego en el Supremo, esas cosas no parecen preocupar.

Entre los muchos relatos que lograron instalar estaba el que decía que no existía previsión legal para tomar declaración por videoconferencia, mucho menos si la persona se encontraba fuera del país. En realidad era un absurdo, está perfectamente previsto en nuestro ordenamiento interno e incluso existe un convenio europeo específico para la realización de este tipo de diligencias judiciales. Pero a la jueza nada de eso le interesaba y a algunos medios de comunicación tampoco, les daba lo mismo lo que dijésemos o que los remitiésemos a los artículos de la Ley que lo preveía, porque lo único que parecía importarles era dejar claro que nuestros defendidos estaban huidos y que así no podían ser parte del proceso.

Este procedimiento me ha servido, entre otras cosas, para ver cómo funcionan algunos medios y, más concretamente, algunos periodistas, cuya ética contrasta con la de la gran mayoría que hace su trabajo con exquisita profesionalidad. Temas como el de la supuesta «inexistencia» de norma que permitiese la declaración por videoconferencia es solo un ejemplo de algo que se repetiría a lo largo de todo este tiempo, en el que he visto cómo una suerte de oficiosos «portavoces» se prestaban a la instalación de relatos cuya vida útil no pasaba de horas, días o semanas, pero servían para ir dándole oxígeno a una actuación judicial desquiciada.

El entonces fiscal general del Estado, por razones difíciles de comprender desde una sana lógica jurídica, había presentado dos querellas el mismo día: una ante el Tribunal Supremo y otra ante la Audiencia Nacional. A nosotros nos tocaba defender ante la Audiencia Nacional pero ambas causas correrían, por unas semanas, en paralelo hasta que, finalmente, el juez instructor del Supremo Pablo Llarena decidió unificarlas.

La verdad es que no existían ni existen razones legales para que la competencia para investigar y enjuiciar estos hechos haya recaído ni en la Audiencia Nacional ni en el Tribunal Supremo. La competencia se buscó, violando el derecho al juez natural, para controlar el proceso penal y llevarlo allí donde se quería, en los tiempos que se había previsto y con el resultado que, desde el principio, se había determinado. No se trataba de hacer justicia ni de investigar unos hechos sino de reprimir al soberanismo y dejar claro que la inquebrantable unidad de la nación española era el prisma a través del cual se interpretarían, incluso reescribirían, todas las normas, tanto penales como procesales.

Este desdoblamiento de los procedimientos generó la falsa impresión, bien alimentada desde la sede del Tribunal Supremo, de que los desmanes jurídicos que iba cometiendo la jueza Lamela serían reconducidos cuando las causas se unificasen y fuesen, ambas, instruidas en el Supremo. Por mucho que insistí en que eso no iba a ser así, se tardó meses en que el tiempo me diese la razón; mi convencimiento, desde el comienzo, era que en España ya todo estaba escrito y que la única solución a la judicialización de un problema eminentemente político tendría que venir impuesta desde el extranjero.

Por entonces, pero incluso ahora, los días se me hacían tremendamente cortos para todo lo que tenía que hacer y, al final, la única solución pasaba por ir arrancándole horas al sueño; no quedaba más remedio porque de otra forma no se llegaba en los plazos que nos impusieron las diversas agendas judiciales.

La primera vista en Bruselas fue señalada para el 17 de noviembre, generándose una gran expectación en España, aunque en realidad sabíamos que solo era una suerte de vista «procedimental» donde se acordaría, con el fiscal y ante el juez, una agenda para la presentación escrita de las posturas, primero del fiscal y luego nuestra, así como para la vista oral, el momento en que se podía esperar una decisión sobre el fondo de la reclamación de entrega.

En la audiencia del 17 de noviembre se acordó que el fiscal entregaría su memoria a más tardar el día 21 de noviembre de 2017 y nosotros contestaríamos no más allá del 27 de noviembre, para celebrar la vista el 4 de diciembre a partir de las 9 de la mañana. Con esa agenda, poco margen teníamos. No asistí a la audiencia preliminar porque tenía juicio en Bilbao en un caso que me preocupaba mucho y que me llevaría dos días, como mínimo.

Nada más finalizar dicha audiencia Christophe me llamó para explicarme los detalles y para que afinásemos nuestra propia agenda, el reparto de tareas y la logística que necesitaríamos. Un tema central serían las traducciones, que no eran pocas y para las que necesitaríamos contar con suficientes profesionales que pudiesen entregarlas no solo en tiempo sino de forma correcta. Afortunadamente Meritxell Serret, que es una persona ordenada y muy sistemática, asumió, inmediatamente, la coordinación de todos los trabajos de traducción.

Entre viaje a Bilbao, juicio allí y diversas tareas internas del despacho tuve que viajar otras tres veces a Bruselas, viajes cortos, muy intensos y que, poco a poco, me sirvieron para ir compenetrándome con el resto de miembros del equipo jurídico y, a la vez, ir conociendo mejor a los defendidos. Pocas veces me pasa que defiendo a alguien a quien no conozco de nada; esta era una de esas ocasiones, pero la intensidad de los momentos vividos sirvió para que ese conocimiento fuese produciéndose a velocidad mucho mayor de lo habitual; por entonces no me interesaban tanto sus vidas como sus visiones, era necesario saber qué pensaban, cómo lo pretendían desarrollar y hasta dónde estaban dispuestos a llegar, porque, como he aprendido de otras causas, defender a políticos tiene complicaciones añadidas, dado que tienen su propia agenda, sus necesidades comunicacionales, etc.

La estructura y el sentido de nuestro escrito estaban claros, sabíamos lo que teníamos que hacer y una vez acordados los diversos temas Christophe repartió el trabajo entre los distintos miembros del equipo belga; en Madrid, Isabel y yo hicimos lo mismo. Se fue trabajando por partes, cada cual en su esfera de competencias. Luego se ensamblaría todo, pero no fue sino hasta el último minuto cuando el escrito cobró cuerpo, forma e intensidad, y también cuando tuvimos que hacer retoques de última hora que, como siempre nos sucede a los abogados, nos llevaron hasta el límite temporal y de cansancio. Ya no había fines de semana ni horas libres, lo que comenzó a afectarnos en la vida familiar.

Isabel y yo tenemos una hija que ahora tiene diez años, Elena, a la que le ha tocado vivir todo esto y sufrir sus consecuencias; la más recurrente, el escaso tiempo que le hemos podido dedicar en los puntos más álgidos del trabajo, pero también el *bullying* que sufrió en su colegio, producto del trabajo que realizamos sus padres en esta causa y que llevó a que, siendo una excelente alumna, a finales del curso tuviésemos que cambiarla. Ahí falló todo, incluidos los muy publicitados protocolos *antibullying* que promocionaba su centro de entonces.

Al final, no nos quedó más remedio que cambiar a Elena de colegio; esa decisión, y proceso, lo tuvimos que iniciar en junio de 2018 en medio de la vorágine entre Alemania, Bélgica y Escocia, pero para nosotros era prioritario que ella estuviese tranquila y pudiese estudiar en un ambiente adecuado en el cual no se la maltratase en función del trabajo de sus padres... Fue una experiencia triste pero de la que salimos reforzados.

Nuestra fecha de entrega era el 27 de noviembre, por lo que ese fin de semana tuvimos que pedir auxilio, como siempre, a la tía de Isabel, otra Elena, para que cuidase de nuestra hija mientras nosotros nos encerrábamos en el despacho a trabajar cada uno de los aspectos que nos había tocado preparar.

Cuando se trabaja en equipo hay que pensar siempre en cómo lo que uno va a hacer encajará con lo que están haciendo otros compañeros; cuando además los redactados se van a traducir a otro idioma, han de escribirse en términos muy claros, concretos y evitando cualquier desviación barroca a la que tan acostumbrados estamos los juristas latinos. En esta ocasión se daban ambas complicaciones: trabajo en equipo y en otro idioma, por lo que todo esquematismo era poco y eso ralentizaba, aún más, nuestro trabajo.

Íbamos terminando párrafos y textos y los íbamos enviando directamente a Meritxell para que se tradujesen y a Christophe para que los fuese leyendo; afortunadamente él no solo habla francés, flamenco e inglés, sino también castellano: una de las «secuelas» que le quedaron después de un intenso Erasmus en Madrid hace ya muchos años.

Nosotros nos centramos en presunción de inocencia, competencia, juez imparcial, derecho de defensa y las conclusiones respecto de la relevancia de dichas vulneraciones, mientras que el equipo en Bruselas estaba centrado en darle coherencia a todo, en la doble incriminación (que no existía) y en el Derecho de la Unión Europea y las afectaciones que esta reclamación tenía en ese plano. No estábamos pensando solo en la vista del 4 de diciembre, sino en si a partir de ahí teníamos que recurrir en apelación o, incluso, en casación, porque la defensa siempre se ha pensado en términos estratégicos y partiendo del peor de los escenarios.

Algunos abogados se plantean las cosas desde la perspectiva de la inmediatez. En nuestro caso siempre trabajamos pensando lo que puede pasar y hasta dónde puede llegar un determinado pleito; en función de eso, vamos estructurando las diversas actuaciones que realizamos.

Al final, y una vez revisada la memoria presentada por el fiscal belga, tuvimos que agregar algunas cosas, muy pocas, más bien detalles, a nuestro documento, que fue presentado dentro del plazo previsto. El mayor de nuestros problemas fue conseguir ser lo más sintéticos posible, pero el material era muy abundante y tuvimos que centrarnos, en gran medida, en escoger aquello que fuese más representativo tanto de las vulneraciones de derechos fundamentales que se estaban produciendo como de la realidad de encontrarnos, dentro del ámbito de la Unión Europea, ante una auténtica persecución política.

La presión era muy grande y se percibía desde ambos lados: unos solo querían que nos estrellásemos y otros que nos diesen la razón en todo. Para nosotros lo auténticamente importante era conseguir evitar la entrega y obtener una resolución que pudiese repercutir positivamente en el proceso en España. Necesitábamos conseguir el efecto dominó del que hablaba en los documentos que fui generando a partir del 29 de octubre.

A estas alturas, el juez Llarena ya había reclamado para sí la competencia para instruir la causa en contra de los políticos catalanes, dejando solo una parte, la que afecta al major de los Mossos Trapero y otros, en manos de la jueza Lamela.

Cuando Llarena asumió la defensa muchos, erróneamente, saludaron esa decisión como un punto de inflexión en lo que sería este proceso. Creo que fui de los pocos que no solo no esperaba un cambio sino que estaba convencido, y así lo dije, de que si lo había sería para peor… El tiempo, una vez más, me ha dado, lamentablemente, la razón.

Una vez presentado nuestro documento de oposición tuvimos unos pocos días de calma en cuanto al trabajo en Bélgica se refiere, pero era una calma aparente porque a partir de ese momento comenzamos a centrarnos en la preparación de la vista oral, señalada para el 4 de diciembre a las 9 de la mañana.

Cogí, otra vez, el vuelo a Bruselas; preferí tomar el de la mañana del 3 de diciembre para tener tiempo de verme con los defendidos y, sobre todo, revisar los últimos detalles con Christophe y el equipo de Bélgica. Ya no había tiempo que perder ni espacio para los errores; todo tenía que salir tal cual habíamos previsto y diseñado.

Fue una reunión intensa porque necesitaba interiorizar las particularidades de la vista, cómo se celebraría, quiénes estarían presentes, cuál era el turno de intervención, cómo se habían previsto las alegaciones y así muchas dudas que, en esos momentos, eran tremendamente relevantes para mí. Luego, y ya con la cabeza como un bombo, nos reunimos con los defendidos, quienes, con toda razón, tenían tantas o más preguntas sobre el mismo tema, y ya sobre las 21 horas Christophe y yo nos fuimos a cenar. Ambos llevábamos todo el día sin comer y nos lo habíamos ganado, o eso pensábamos.

Siempre me levanto muy pronto, da lo mismo el día que sea y dónde me encuentre, pero ese lunes puse el despertador a las 5 de la mañana; quería ir con tiempo y había quedado con Christophe en la puerta del Palacio de Justicia a las 7 de la mañana para desayunar y repasar los últimos detalles; siempre los hay y uno nunca debe estar conforme con lo realizado, por lo que todo repaso era necesario.

La mañana estaba muy bruselense, oscura, fría, húmeda, y no había dónde pillar un taxi, pero no me preocupé porque iba con tiempo y, además, contaba con una gran ventaja: Christophe nunca ha sido muy puntual, tal vez es otra de las secuelas de ese famoso Erasmus en Madrid. Después de más de media hora conseguí un taxi y haciendo gala de mi elevado nivel de francés, le expliqué al taxista a dónde iba y tuvo la amabilidad de contestarme, con un cerrado acento extremeño, que no me preocupase, que me había entendido.

Cuando me estaba bajando del taxi me llamó Christophe para decirme que ya venía de camino, lo que entendí como que ya había salido de su casa y, por el tiempo que tardó, no estaba equivocado. En cualquier caso, los abogados habíamos quedado en la Sala de Togas del Palacio de Justicia, y en la puerta del mismo me encontré con Emmanuelle, Sophie y Crepinne; al poco rato llegaron Christophe Duprezz y Jaume Cuevillas, a quien hasta ese momento no conocía en persona. A los pocos minutos apareció Paul Bekaert, Valerie, su compañera de despacho, y Simon, el hijo de Paul, también abogado.

La Sala de Togas del Palacio de Justicia de Bruselas es lo que todos los abogados soñamos con tener en España, amplia, cómoda, con una gran barra de bar en el centro y unos agradables sofás que invitan a todo menos a trabajar. Todas sus paredes están cubiertas de estanterías de libros y una pequeña escalera conduce a una balconada superior, en la cual hay taquillas donde se guardaban las togas y de las cuales sacamos algunas para todos nosotros.

A esa hora, y en paralelo, un vehículo oficial belga conducía a nuestros defendidos, discretamente, al interior de las dependencias donde se celebraría la vista; se trataba de un edificio moderno ubicado justo al otro lado de la calle, frente al imponente Palacio de Justicia de Bruselas, en el cual habían tenido lugar las comparecencias del pasado 5 de noviembre.

Christophe y yo nos pusimos a revisar esos detalles de última hora que muchas veces marcan la diferencia. Las dosis de café eran importantes pero estaba claro que todos las necesitábamos y, como es costumbre en mí, también un litro largo de agua mineral con gas.

Sobre las 8.30 decidimos que era hora de acercarnos a la Sala de Vistas y abandonamos el Palacio de Justicia por la puerta principal. La salida estaba llena de periodistas, cámaras, micrófonos, etc., y por ello, la policía belga nos escoltó —¡sí, a los abogados!— a cruzar la calle, parando, incluso, el paso del tranvía.

Al llegar al edificio donde se encontraba la Sala de Vistas nos introdujimos por diversos pasillos hasta llegar a una suerte de sala de espera en la cual estaban el president Carles Puigdemont y los consellers Clara Ponsatí, Lluís Puig, Meritxell Serret y Toni Comín. Nos saludamos todos y aprovechamos para explicarles los últimos detalles de lo que se diría en la vista, pero no dejaba de percibirse la tensión propia de un momento que todos sabíamos que era no solo relevante sino, seguramente, histórico: el president de la Generalitat de Catalunya y parte importante de su Gobierno, enfrentados a una vista de extradición en Bélgica reclamados por rebelión y/o sedición, prevaricación, malversación y desobediencia.

A los pocos minutos fuimos informados de que ya podíamos, más bien debíamos, entrar en la Sala, donde nos esperaban dos intérpretes de flamenco-castellano y la secretaria del juzgado, que tomó nota de los nombres y datos de todos los presentes. Al poco de hacerlo entró el juez, acompañado del juez de Garantías (el que había decidido dejarlos libres el 5 de noviembre), seguidos ambos por el fiscal y una joven jueza en prácticas que, además, conocía muy bien el castellano.

Desde mi perspectiva, no había gran diferencia a cómo habría sido la estética de una vista en España, a excepción de lo mucho que se cuidaban los detalles en cuanto al trato a los reclamados y a los abogados, así como algo fundamental: los abogados alegaríamos de pie y de frente al Tribunal. En la Sala estábamos, aparte de los jueces y el fiscal, un grupo nutrido de abogados que nos repartimos en los estrados ubicados a derecha e izquierda del pasillo central, mientras que los intérpretes se ubicaron a la izquierda del juez y, desde allí, fueron transmitiendo su traducción por unos auriculares que nos habían dado a todos aquellos que no hablábamos flamenco.

El juez de Garantías hizo un breve resumen del caso y el juez de la extradición procedió a dar la palabra al fiscal, quien alegó durante algo más de una hora con mucha habilidad, demostrando que estaba muy bien asesorado en cuanto al Derecho español.

Ese conocimiento del procedimiento y normas españolas provenía de una reunión previa que había mantenido en La Haya con fiscales españoles, de la cual sacó datos que le permitieron exponer, con bastante acierto, la parte que correspondía al Derecho español. Nosotros, que ya sabíamos de esa reunión, teníamos preparadas las distintas respuestas y, además, mientras él hablaba yo iba pasándole notas a Christophe con contraargumentos que luego se demostrarían muy eficaces.

El fiscal intentó, por todos los medios, acreditar la doble incriminación, argumentando que los hechos descritos en la OEDE cursada por la jueza Lamela se correspondían con la conducta descrita en un precepto del Código Penal belga denominado «coalición de funcionarios».

Nosotros habíamos identificado el mismo tipo penal pero teníamos un análisis jurídico y jurisprudencial que lo descartaba totalmente, como luego se encargaron Christophe y Paul de explicar. Ese delito, básicamente, consiste en penalizar aquellas conductas en que una serie de funcionarios se ponen de acuerdo para incumplir las órdenes de sus superiores y, a través de ello, paralizar o reconducir la actuación de la administración; obviamente, el tipo penal es algo más complejo pero, en resumidos términos, consiste en eso. Sabíamos que no era de aplicación a este caso, y con el tiempo me he convencido de que el propio fiscal compartía nuestro criterio, aun cuando defendió a capa y espada lo contrario.

Tampoco falló el fiscal, en cuanto a lo que habíamos previsto, cuando entró en el tema de la falta de garantías de debido proceso. Partió comentando la situación en las prisiones españolas y, para ello, se basó en un informe que le había remitido la propia jueza Lamela. El problema que tuvo es que nosotros no planteábamos nada de eso, nuestro alegato no iba por las condiciones de prisión; ese fue un tema que salió a relucir en una rueda de prensa y se pensó, tanto por parte de muchos medios como del propio fiscal, que haríamos una defensa basada en ese argumento, pero nada más alejado de la realidad. En cualquier caso, el informe emitido por Lamela era muy deficiente en términos de la realidad penitenciaria, que ella no tiene por qué conocer, como del derecho penitenciario, cuyo conocimiento es obligado para ella.

Fue muy hábil el fiscal porque siguió un orden inverso al planteado en su escrito solicitando la entrega, pero todo, absolutamente todo lo que expuso lo teníamos previsto y preparado; ahora lo que faltaba era saber exponerlo y, luego, que nos diesen la razón.

Comenzamos la defensa a través de la intervención de Paul, que es un gran jurista pero, sobre todo, una persona muy didáctica y con una ágil dialéctica jurídica. Él se centró en parte de la doble incriminación y, sobre todo, en la acreditación de la persecución política y la falta de garantías. Usó algunos ejemplos de hechos muy conocidos en Bélgica para contextualizar el caso y hacer ver que lo sucedido en Catalunya el 1 de octubre no fue más que un ejercicio de democracia para el cual el Gobierno español de entonces y las altas instancias jurisdiccionales españolas no estaban preparados.

En Bélgica han existido convocatorias de referéndum para plantear la separación de parte del territorio y, como bien expuso Paul, si eso es delito entonces a más de algún político en Bélgica le habrían tenido que encarcelar; sin embargo, no solo no se ha hecho sino que siguen desarrollando su actividad política y manteniendo los mismos planteamientos soberanistas. Paul terminó con una gran frase: «El problema es que así funciona una democracia, pero en España no lo entienden ni les gusta».

Después de Paul intervino Valerie Soenen, su compañera de despacho, quien afinó más aún sobre la falta de doble incriminación. Fue muy certera, dinámica y al grano, que es como mejor se alega ante un tribunal.

Nada más terminar Valerie, el juez acordó un receso que usamos para revisar notas, comentar percepciones y, como no podía ser de otra forma, aumentar la dosis de cafeína, a la que por momentos nos íbamos haciendo más y más resistentes.

Christophe, que era quien debía comenzar después del receso, estaba muy tranquilo, miraba sus notas, me preguntaba algunas cosas de lo dicho por el fiscal e iba incorporando mis respuestas a unas páginas garabateadas que solo él estaba capacitado para descifrar. A los pocos minutos nos avisaron de que entrásemos porque la vista continuaría inmediatamente.

Una vez entró el juez se reanudó la vista con el alegato de Christophe, que fue revisando uno a uno los puntos de nuestro escrito y, luego, contestando a todos los planteamientos que había realizado el fiscal. Su alegato estaba perfectamente coordinado con el de Paul y Valerie, con lo cual todo comenzaba a cobrar sentido y ganar coherencia. Eso se percibía tanto en la cara del juez como, especialmente, en las preguntas que fue realizando tanto a Christophe como a Paul, así como en los gestos de incomodidad que se percibían en el fiscal.

Después de casi dos horas Christophe había hilvanado un alegato que, por su brillantez, no se hizo largo a ninguna de las partes. El juez ofreció un turno de última palabra a los reclamados; de ellos solo hablaron, primero, Clara Ponsatí, luego Toni Comín y, finalmente, el president Puigdemont. Los tres lo hicieron con mucha serenidad, claridad y coherencia; se notaba que estaban no solo preparados para hablar en público, sino también para hacerlo bajo la presión tremenda que significa tomar la palabra en esas circunstancias y jugándose la entrega a España.

Minutos después se organizó la salida de nuestros defendidos en la misma forma en que habían llegado: en un vehículo oficial belga que permitió que evitasen a los periodistas. Por nuestra parte, salimos todos los abogados juntos, una vez más escoltados por la policía belga para cruzar hasta la sede del Palacio de Justicia; íbamos con la clara sensación del trabajo bien hecho pero, al mismo tiempo, con la tensión de quedar a la espera del veredicto que se nos daría el día 14 de diciembre. La única clave que tuvimos esa mañana fue que el juez nos indicó que el día 14 nuestros defendidos no necesitaban comparecer a escuchar el veredicto; eso, sin duda, era un buen indicio pero nada más. Cuando digo buen indicio me refiero a que ante una resolución favorable a la entrega habría sido lógico la comparecencia de los reclamados y la revisión de sus respectivas situaciones de libertad provisional.

Al cruzar y entrar en el Palacio de Justicia nos aguardaban cientos de periodistas con sus cámaras, micrófonos, blocs de notas y preguntas que nos desbordaban. Como lo había organizado Raquel, subimos algunos peldaños de la impresionante escalera principal y, desde allí, Paul, Michell, Christophe y Jaume Alonso Cuevillas comenzaron a contestar a las preguntas de todos los medios que les rodeaban; yo, entre tanto, me puse a un costado porque no tenía intención de decir nada, mucho menos cuando esa tarde teníamos ya prevista una reunión informal con los medios españoles.

Al finalizar las declaraciones, Jaume Alonso Cuevillas salió hacia el aeropuerto, Paul y su equipo hacia su despacho y Christophe, Michell, Emmanuelle, Laura y yo nos fuimos a buscar un sitio para comer algo, cosa que no es tan sencilla en Bruselas a eso de las 15.00 horas; tenía que comer rápido para volver al Palacio de Justicia, donde había quedado con los medios españoles sobre las 16.00 horas. No se paraba ni un minuto.

Tuve una reunión de cerca de una hora con los periodistas españoles, se acordó que sería en *off* y que contestaría a todas sus dudas, cosa que creo que hice. Básicamente la idea era dar una visión lo más clara posible de las particularidades del proceso en Bélgica, de cómo se habían planteado las cosas y de lo que esperábamos que sucediese. Creo que se consiguió. Hay que tener presente que los corresponsales españoles acreditados en Bruselas son periodistas, básicamente, de política, y ahora estábamos en el terreno de lo judicial por lo que era necesario ser muy didáctico con los planteamientos y, en especial, con las respuestas que se les daba.

Por la noche quedamos para cenar Christophe, Toni, Meritxell y yo y comentar la jornada. Por raro que parezca, en esta ocasión todos llegaron a la hora y fue una cena muy agradable, distendida y en la que pudimos relajarnos y hablar de algo más que del proceso y sus incidencias.

Tenía mi vuelo previsto para las 7.30 desde Bruselas, por lo que me tocó madrugar una vez más, y dejé el hotel sobre las 5 de la mañana. En el aeropuerto tuve tiempo suficiente para leer la prensa, llena de referencias a la vista que habíamos tenido el día anterior, pero nada hacía prever lo que sucedería horas después.

Aterricé en Madrid sobre las 9.45 y, como siempre viajo sin equipaje, salí rápidamente para coger mi coche e irme al despacho, donde tenía muchas cosas pendientes, entre ellas explicarle a Isabel todos los detalles de los dos días en Bruselas.

De camino al despacho me enteré de que el juez Llarena había retirado la OEDE sobre la cual habíamos estado debatiendo el día anterior ante el Tribunal en Bruselas. De todas las salidas posibles era la única que no esperábamos porque, tal cual se ha demostrado posteriormente, una medida de estas características no solo no se había visto hasta entonces, sino que, además, no respondía a razones jurídicas sino psicológicas: el pánico se había apoderado del instructor en el Supremo y, a pesar de que intentó presentar la medida como una genialidad estratégica, la misma no correspondía sino a un innegable deseo de evitar contrastar la tesis acusatoria de Llarena en cualquier jurisdicción europea.

Nada más enterarme de la retirada de la OEDE llamé a Christophe para explicárselo y luego a Toni y Meritxell. Muchas de las preguntas que me hicieron no es solo que no supiese contestarlas, es que no tenían respuesta alguna desde una perspectiva lógica. Nadie en su sano juicio cursa una OEDE para luego, justo antes de conocer el fallo, retirarla, pero Llarena, a lo largo del proceso, nos ha acostumbrado a reacciones poco jurídicas, muy emocionales y, sobre todo, muy descabelladas.

Informados todos ya pude centrarme tanto en el resto del trabajo como en ir contestando a las llamadas de los periodistas. Varios de los que me llamaban no estaban interesados en lo que yo les dijese sino, más bien, en trasladarme cuál era el «relato oficial» que estaba difundiendo el Supremo: Llarena era un gran estratega y esta decisión se demostraría como una jugada maestra.

He de insistir: esa primera retirada de la OEDE no era una actuación estratégica sino una reacción emocional impropia de un magistrado de un Tribunal Supremo; Llarena no quería perder y su padrino tampoco, por lo que, primero, retiraron esa orden europea y, luego, trataron de instalar un relato ganador. El tiempo demostraría que solo era eso: un relato.

Tiempo después descubriríamos cómo sucedió todo, qué fue lo que pasó el 4 de diciembre por la tarde y qué desencadenó ese «movimiento táctico» de Llarena. La cuestión era que, a nuestros efectos, habíamos ganado una batalla por retirada del contrario y, en lo que a mí respecta, era perfectamente consciente de que más temprano que tarde se cursaría una nueva OEDE, como así expuse a los defendidos en un nuevo documento de la serie «Dominó»: el 3.

La previsión de una segunda OEDE sería materia de encendidas discusiones con los abogados en Bélgica, puesto que para ellos era inimaginable que se fuese a cursar una segunda orden. Una vez más, el tiempo nos dio la razón y ratificó los análisis realizados en los sucesivos «Efecto Dominó».

3

Bruselas: segunda etapa

La retirada de las OEDE por parte del juez Llarena nos dejó a todos una sensación agridulce: queríamos ganar por goleada y solo ganamos porque el contrario abandonó el campo de juego cuando el marcador le era evidentemente adverso; era una victoria, aunque no la que queríamos, pero, al mismo tiempo, éramos perfectamente conscientes de que había sido un buen comienzo.

Mientras los defendidos se dedicaron el resto de diciembre a su trabajo político y a preparar las elecciones catalanas del día 21 de ese mismo mes, yo me centré en analizar el trabajo realizado para detectar aquellas cosas que se habían hecho mal, las que se habían hecho bien y cómo prepararnos para la siguiente batalla. Iba a ser necesario desplegar otra batería de iniciativas legales que permitiesen la internacionalización jurídica del caso de forma eficaz.

Todo esto nos llevó muchas horas de investigación y estudio, así como un nuevo viaje a Bélgica para compartir el análisis y la necesidad de seguir trabajando en los distintos temas y atender muchas dudas legales que surgían, producto de la situación de exilio y las necesidades de cada uno de ellos.

En paralelo, iba poniendo al día otros asuntos del despacho y preparando unos días de vacaciones en Essaouira para celebrar Navidad y fin de año. Sí, esas vacaciones a las que vendría mi suegra, como Isabel me había dicho la tarde del 29 de octubre mientras yo redactaba «Efecto Dominó».

Volamos a Marrakech el 22 de diciembre y nos quedamos allí hasta el 6 de enero. Fueron dos semanas reparadoras y muy agradables porque, aparte de Isabel, nuestra hija y mi suegra, vinieron mis dos hijas mayores. También coincidimos, porque así lo habíamos planificado, con Wolfgang Kaleck, su pareja e hijo, que tiene la misma edad que la nuestra.

Wolfgang y yo somos amigos desde hace más de catorce años. Por casualidades de la vida nos conocimos en Bruselas, en una conferencia sobre jurisdicción universal en la que clara y públicamente discrepamos en algunos temas, lo que sirvió para, a la hora de la cena, sentarnos a hablar y comprobar que nuestras discrepancias eran mucho menores que nuestras coincidencias. A partir de ahí se ha ido construyendo una gran amistad.

Nos hemos lanzado juntos en muchas aventuras jurídicas y siempre que tengo una duda importante es a quien llamo, no tanto para aclarar la duda sino, sobre todo, para tener claro cómo debo buscar la respuesta. Wolfgang también ha sido una persona clave en los momentos más complejos de la causa de los políticos catalanes y su método no consiste ni en dar la respuesta ni en imponerla, sino en hacerle a uno pensar y que la encuentre por sus propios medios.

En Essaouira compartimos mesa y mantel de forma diaria, así como largas caminatas en las cuales fuimos revisando no solo los temas pendientes sino, específicamente, lo que sucedía con el caso del president Puigdemont y el resto de consellers.

Ambos éramos conscientes de que este no era un caso más sino uno que tensionaría las costuras del sistema judicial europeo, en el cual no solo estaba en juego la libertad de mis defendidos sino, claramente, derechos fundamentales de los ciudadanos europeos como el de manifestación, reunión, asociación y libertad de expresión. Ambos sabíamos que no podía haber errores porque de la respuesta que diese la justicia europea dependerían muchas cosas y, sobre todo, un espacio común de libertad y respeto de los derechos civiles.

Durante esos días de vacaciones uno de los abogados defensores de los políticos encarcelados tuvo un detalle de franqueza conmigo por el cual siempre le estaré agradecido. En un momento de una larguísima conversación, me dijo: «Gonzalo, en Barcelona andan diciendo que trabajas para el CNI». No tuve que contestarle porque mi carcajada fue lo suficientemente natural como para que a él le quedase claro que se trataba de una maledicencia con la clara intención de generar desconfianza hacia mí por parte de los defendidos. Después de la carcajada le expliqué de dónde venía ese infundio; no era la primera vez que lo escuchaba, sabía que era una «periodista» de un diario de Madrid, bien considerada en Catalunya pero poco escrupulosa, la que iba soltándolo allí donde podía. Me pareció oportuno explicarle por qué hacía eso…, aunque lo que esa «periodista» no mide es el daño que puede causar o el peligro en que puede poner a los afectados de sus insidias. Con el paso del tiempo he llegado al convencimiento de que ni tan siquiera le preocupa y que, simplemente, cumple con lo que le ordenan porque trabaja para quien trabaja.

El compañero tenía claro que era un infundio y por eso me lo había contado, pues en una causa tan delicada como esta las cosas así no se pueden dejar en el aire. Le agradecí su sinceridad y le garanticé que no diría la fuente pero que abordaría el tema con todos los defendidos, porque las cosas cuanto más claras mejor. Así lo hice, directamente y sin anestesia, en la primera reunión después del parón navideño, exponiéndoles el infundio a los cinco defendidos en Bruselas.

Antes del regreso a Madrid coordiné con Toni, por un lado, y con Christophe, por otro, un nuevo viaje a Bruselas para, de una parte, reunirnos con los defendidos y, de otra, con el equipo jurídico a fin de abordar las iniciativas que deberíamos poner en marcha en los meses siguientes, sobre todo antes de que se volviesen a cursar nuevas OEDE.

Isabel y yo viajamos el mismo 8 de enero a Bruselas y, nada más llegar, nos fuimos a reunir con los defendidos por espacio de varias horas. Después de comer, continuamos trabajando unas horas hasta que nos fuimos a nuestro hotel, donde teníamos prevista una reunión con Christophe, Michell y Emmanuelle a la que también asistieron Clara, Meritxell y Toni.

Christophe llegó bastante tarde, cuando la reunión ya había comenzado. Lo primero que hicimos fue realizar un breve análisis de la situación en España y de la inevitabilidad de una nueva OEDE; para Michell resultaba imposible, más bien poco creíble, que fuesen a hacerlo de nuevo. Desde un punto de vista exclusivamente jurídico era una locura volver a cursar una OEDE que se había retirado por miedo a la decisión que se iba a adoptar en Bélgica. Costó mucho tiempo hacerles ver que debían abandonar los parámetros jurídicos para pensar en términos políticos, que era como estaba pensando el Supremo, y que desde esa lógica lo que harían es avanzar en la causa, engordar la instrucción y, cuando les viniese bien, cursar una nueva orden de detención. Al final todos los colegas belgas comprendieron que una cosa es el derecho y otra muy distinta esta causa, y que solo analizándola desde una perspectiva política se podría estar preparado para dar una adecuada respuesta jurídica.

A partir de ese punto de acuerdo les comentamos el análisis que habíamos hecho de los puntos fuertes, los débiles, los aciertos y errores que veíamos de la vista del 4 de diciembre y acordamos pautarlos para, llegado el momento, corregir aquello que así determinásemos.

Terminada esa parte de la reunión les propusimos una serie de iniciativas jurídicas que implicaban pasar al ataque, es decir, no esperar a la siguiente OEDE para activar iniciativas que sirviesen para asegurar nuestra posición procesal en el futuro y, al mismo tiempo, tuviesen un efecto en el proceso en España y, por qué no decirlo, otro a nivel europeo.

La primera acción que se propuso fue la de buscar los mecanismos jurídicos que permitiesen exigir responsabilidad individual a quienes estaban participando activamente en el procedimiento en contra de nuestros defendidos. Fue la primera vez, no la única, que les hablamos de una acción legal clara, directa y rotunda de exigencia de responsabilidad personal tanto a Llarena como a Lamela…, pero no limitándola a ellos, porque en esta causa los «padrinos» son casi más relevantes que los ejecutores de sus designios.

La palabra que más escuchamos esa tarde, ya noche, fue «imposible», pero eso ya lo sabíamos Isabel y yo antes de subirnos al avión en Madrid y, como no podía ser de otra forma, teníamos respuesta preparada para cada una de las trabas que iban a plantearnos. Así fuimos dando respuesta o combatiendo los planteamientos uno a uno hasta bastante avanzada la noche.

Toni y Meritxell intentaban mediar, algunas veces con éxito y otras no tanto, y lo que saco en claro de esa mediación es que ambos son políticos de pura raza y gente con gran capacidad de análisis y, sobre todo, capaces de conciliar, empatizar y sintetizar.

Lo importante, cuando se trabaja en equipo y entre abogados que se respetan, es que de cada discusión siempre sale una versión mejor de lo que se pretendía hacer; no se trata de imponer criterios, eso no da resultado, sino de ir limando lo que se piensa, incorporando las críticas y las mejoras hasta llegar a un concepto, idea o decisión que refleje lo mejor de cada uno de los miembros del equipo. Sí, tengo claro que a los abogados se nos acusa, con razón, de individualistas, pero un caso como este es imposible abordarlo sin un buen grupo, una visión de conjunto y un auténtico trabajo en equipo en el que cada cual confíe en lo que hace o hará otro compañero.

Al final, no sin antes pasar por una larga discusión, llegamos a una agenda común en la cual se establecieron una serie de iniciativas legales que habría que preparar e ir implementando en diversos momentos durante los meses siguientes. Tal vez lo más complejo de toda la discusión fue hacer comprender a los colegas belgas dos puntos que, como ya he contado, resultaban esenciales: había que pensar y analizar las cosas en clave política, tal cual lo estaba haciendo el Supremo y, al mismo tiempo, encontrar instrumentos jurídicos que sirviesen para visibilizar e internacionalizar el caso, de manera que se apuntase a los auténticos responsables del mismo y, además, se garantizase la libertad e indemnidad de nuestros defendidos.

Toda reunión de abogados que se precie debe terminar con

una buena cena, al menos así debería ser y más si la misma ha sido tensa e intensa. Nos fuimos a cenar, ya bastante tarde para los estándares belgas, a un sitio muy agradable, un tanto *vintage* pero donde se come muy bien, que además quedaba muy cerca de nuestro hotel, lo que nos venía fenomenal porque al día siguiente saldríamos en el vuelo de las 7.30 de regreso a Madrid. En la cena no se habló de trabajo, lo que es una buena regla después de un día agotador.

Mientras nosotros planificábamos el futuro, desde el Tribunal Supremo se continuaba construyendo el relato del pasado. Seguían insistiendo en lo estratégica que había sido la retirada de la OEDE y, al mismo tiempo, comenzaban las maniobras pseudolegales para impedir que el resultado electoral del 21-D fuese efectivo y se reflejase en la composición del Parlament y en la elección del president de la Generalitat.

Algún día, cuando se analice todo con perspectiva y desapasionadamente, se comprobará que el papel jugado por la Sala Segunda del Tribunal Supremo no solo no se corresponde con el propio de un órgano jurisdiccional, sino que, además, tomaron el control de la política española haciendo saltar por los aires la deseada separación de poderes, con todos los matices que ese concepto ha tenido y tiene en España.

Muchas veces se ha cuestionado la necesidad de una adecuada separación de poderes, pero para que un sistema democrático funcione no basta con ella, sino que es absolutamente necesaria la existencia de pesos y contrapesos entre los diversos poderes y, también, en el interior de cada uno de ellos. Los *Checks and Balances* de los que habla la doctrina norteamericana y de los que se carece en el sistema judicial español, como se ha ido demostrando a lo largo de todo este procedimiento.

Tan peligrosa resulta la incursión o control del poder judicial por parte del poder ejecutivo o legislativo como la intervención del poder judicial en los asuntos políticos, y el caso del *procés* ha acreditado que algunas altas instancias judiciales y algunos jueces en particular se han excedido en sus funciones y han intervenido directamente en política… seguramente porque, como en alguna ocasión se ha pavoneado un alto magistrado del Supremo, esas altas instancias judiciales piensan que «este tema es demasiado serio para dejarlo en manos de los políticos».

No son pocos los jueces que están luchando para que los miembros del Consejo General del Poder Judicial sean elegidos, exclusivamente, por los propios jueces. El problema es que antes de que eso sea así hay que establecer los pesos y contrapesos necesarios para que el poder judicial también sea responsable de sus actos y, sobre todo, para que esa exigencia de responsabilidad no recaiga, exclusivamente, en la voluntad del propio poder judicial. El caso del *procés* ha puesto en evidencia que no es que no exista un poder judicial independiente, que sería lo deseable, sino que contamos con uno al que no hay forma de exigirle responsabilidad por su actos y que, además, se permite regir los destinos políticos de España como si de un cortijo se tratase.

Ya de regreso a Madrid tuve que salir de viaje a Yibuti, donde tenemos a un cliente encarcelado; es un viaje largo y bastante duro pero, a lo largo de los años, he logrado desarrollar una capacidad que en estos casos me ha servido mucho: dormir donde se pueda y por el tiempo que sea posible. Así, nada más despegar me dormí hasta llegar a Roma, y luego hice lo mismo hasta Addis Abeba. El último tramo del viaje solo dura cincuenta minutos, así que preferí no dormir y preparar lo que tenía que hacer nada más llegar ya que estaría solo cuarenta y ocho horas.

Al volver de Yibuti me fui directamente al despacho y de ahí a la Audiencia Nacional, donde teníamos unas declaraciones, luego vuelta al despacho y así hasta la noche, cuando finalmente llegué a casa.

A los tres días volví a salir para Bruselas, como casi siempre en el primer vuelo de la mañana, lo que implicó un nuevo madrugón. El motivo del viaje era reunirme con los defendidos y analizar, entre otros temas, las ventajas y desventajas que tenía hacer lo que Clara Ponsatí quería: regresar a St. Andrews, en Escocia, para continuar con su vida y su trabajo en la universidad.

Nada más llegar me reuní con Christophe y me fui a su despacho, donde trabajamos los diversos temas que habíamos dejado esquematizados en la anterior reunión. Seguían existiendo dudas sobre la viabilidad de lo propuesto y una multiplicidad de propuestas respecto de lo mismo; algunas desnaturalizaban la idea inicial y otras, que al comienzo yo no veía, en realidad la reforzaban.

Como todo en derecho es discutible, pasamos el día dándole vueltas a las diversas variantes, los pros y los contras de cada una de ellas y, sobre todo, algo que me preocupaba mucho: los tiempos de ejecución e implementación, pues era evidente para mí que en cualquier momento Llarena cursaría una nueva OEDE y debíamos tenerlo todo preparado, y algunas iniciativas ya en marcha. Por la noche cenamos con otros abogados cuya opinión nos interesaba conocer; a diferencia de muchos colegas, a nosotros sí nos interesaba saber cómo veían nuestros planteamientos compañeros que estuviesen alejados del caso para que opinasen con mayor objetividad.

A primera hora de la mañana siguiente salí para Waterloo, que era donde habíamos acordado reunirnos con los defendidos. Hasta ese momento yo no conocía la Casa de la República ni sabía cómo llegar. Me coordiné con Meritxell Serret para encontrarnos en la estación de trenes y en mi ingenuidad le propuse que nos juntásemos en la cafetería de la estación, sitio inexistente porque más que una estación es un apeadero de cercanías.

Con exquisita puntualidad apareció Meritxell en un coche con matrícula española y conducido por quien luego sabría que era Laura. En esa época para mí cada cara y cada nombre eran nuevos, pero, con el tiempo, me he dado cuenta de lo importante que era cada cual en el conjunto del trabajo que se hace desde Waterloo.

Nos trasladamos a la Casa de la República por unas calles muy tranquilas de lo que es una zona residencial muy belga hasta llegar a la casa, donde nos introdujimos en el garaje, ahí había otro coche que luego se hizo famoso, y por unas angostas pero modernas escaleras subimos a la planta baja de la casa. Como no podía ser de otra forma, nos introdujimos en la cocina para tomarnos unos buenos cafés que tanta falta me hacían en esos momentos.

A los pocos minutos ya estábamos instalados en una sala de reuniones con todos los defendidos presentes, y alguien a quien no conocía pero con quien he desarrollado una buena amistad y una complicidad jurídica muy importante: Josep Costa, que en todo momento guardó silencio y se limitó a realizar pocas pero muy certeras preguntas; era evidente que no solo tenía formación como jurista sino un afinado instinto político, algo que detecto desde niño gracias a las muchas reuniones políticas que, durante la dictadura de Pinochet, presencié en casa de mis padres.

La reunión fue muy ejecutiva pero, así y todo, se prolongó por varias horas, ya que primero quise explicarles las iniciativas que habíamos previsto, así como los ritmos de implementación de las mismas y, luego, pasamos a analizar la situación en esos momentos en la causa española, la información que manejábamos sobre cómo se desarrollarían los próximos dos meses y los riesgos que podían existir dentro de la aparente calma en la que nos encontrábamos sumidos.

Como cada reunión con los defendidos, no faltaron las preguntas, siempre certeras y muy afiladas, de cada uno de ellos. Es evidente que son políticos acostumbrados a tomar decisiones muy rápidamente y sobre la base de los datos que manejan; en mi caso tengo una máxima: mejor decir la verdad aun cuando no guste, porque solo así se pueden tomar decisiones acertadas.

Clara volvió a plantear su deseo de irse a Escocia. A ese respecto teníamos previsto que ese mediodía llegase a Waterloo una compañera inglesa experta en extradiciones que yo quería que nos asesorase sobre la decisión de Clara, cómo implementarla y qué riesgos se corrían; especialmente quería tener una visión de primera mano sobre las diferencias entre el procedimiento escocés y el inglés, que existen y no son pocas, y cómo eso podía repercutir en Clara y, por ende, en el resto de los defendidos así como en la causa en España.

Sobre las 12.00 del mediodía Clara, Josep Costa y yo abandonamos la Casa de la República; al salir fuimos abordados por un grupo importante de periodistas y cámaras de televisiones españolas, pero no hicimos ninguna declaración porque no teníamos nada que comunicar. Caminamos unos diez minutos, siempre rodeados de periodistas, hasta alcanzar la estación de Waterloo donde Costa cogió el tren hacia Bruselas mientras que Clara y yo esperábamos la llegada de la abogada inglesa con la que nos íbamos a reunir.

Algo habitual en Bélgica, el tren llegó con algo de retraso, así que sobre las 12.45 desanduvimos nuestros pasos hasta la Casa de la República, esta vez acompañados de la colega inglesa, cosa que, por sorprendente que parezca, no llamó la atención de los muchos medios allí congregados; pensé que se darían cuenta de que a esa persona no la tenían «fichada» y que comenzarían a hacer preguntas, pero afortunadamente no fue así.

Estuvimos allí otra hora y luego nos trasladamos, igualmente en tren, hasta Bruselas para irnos al despacho de Michell, donde esta nos esperaba junto con Emmanuelle, Sophie y Christophe para una nueva reunión, en la cual ya entramos en temas muy técnicos con la abogada inglesa. Sobre las 17.30 dejé la reunión y, como siempre en estos meses, salí corriendo al aeropuerto para alcanzar el último vuelo de la tarde a Madrid.

De camino al aeropuerto fui revisando la prensa y me di cuenta de que a la reunión, mejor dicho reuniones, en Waterloo se les había dado una amplia cobertura, pero seguían sin identificar a esa mujer con la que entramos y salimos de la Casa de la República. Eso era bueno porque, de haberse conocido su identidad, habría sido muy sencillo deducir cuál sería el siguiente movimiento: el traslado de Clara a Escocia.

De esas reuniones en Bruselas y Waterloo, lo que dejamos claro es que debíamos comenzar a articular parte de nuestras iniciativas después del 6 de marzo, pero nunca más allá del 9 porque no sabíamos en qué momento se cursaría la segunda OEDE. El tiempo jugaba en nuestra contra porque nos quedaban tres semanas para un trabajo muy intenso.

El 21 de enero, y estando ya en Madrid, se produjo el primero de los viajes del president Puigdemont, en esa ocasión a Dinamarca. Yo estaba informado del viaje y teníamos una red jurídica preparada en caso de problemas, pero dudábamos mucho de que el juez Llarena fuese a cursar una nueva OEDE cuando no existía nada nuevo hasta esa fecha que justificase modificar el criterio que, sumido en el pánico, le había hecho retirar la OEDE el pasado 5 de diciembre.

En cuanto se supo la noticia mi teléfono comenzó a hervir nuevamente; eran muchos los periodistas que buscaban datos. Yo sabía de la intención de Puigdemont de viajar, de las fechas, el destino y poco más porque nunca consideré necesario ni oportuno preguntar el motivo de dicho viaje ni de ninguno de los otros viajes que ha realizado el president Puigdemont en estos meses.

Al mismo tiempo que yo recibía llamadas de los periodistas me enteré de que la Fiscalía había presentado un escrito al juez Llarena solicitando que se cursase inmediatamente una OEDE a Dinamarca. Tal solicitud era un claro reflejo de que, al menos por parte de Fiscalía, se buscaba una suerte de «jurisdicción de conveniencia» y, desde un claro desconocimiento de la realidad legal y judicial en Dinamarca, se pensó que aquel podría ser un buen lugar.

La Fiscalía del Supremo, impregnada ahora de algunos criterios provenientes de la Audiencia Nacional, ha aprendido a retorcer las normas y a generar escenarios jurídicos solo posibles en España, algo que se usa mucho en materia de extradiciones: la «jurisdicción de conveniencia», que básicamente consiste en buscar aquellos países que, por diversas razones, son más proclives a las reclamaciones extradicionales bien por tener sistemas jurídicos poco garantistas o por ser abiertamente serviles con los países poderosos, que es lo que sucede con España y la Audiencia Nacional, órgano encargado de tramitar todas las extradiciones y OEDE que se reciben en España.

El juez Llarena rechazó dicha petición en un auto que pasará a la historia del sistema OEDE por reflejar, claramente, la visión que aquel tiene de la justicia fuera de España. Era evidente que su desconfianza hacia los países europeos no se basaba en datos, sino en un planteamiento mucho más atávico: para él la Tierra sigue siendo plana y el mundo termina en los Pirineos... En todo caso, esa visión no es privativa del juez Llarena, sino claramente compartida por otros miembros de las más altas instancias jurisdiccionales españolas, que desearían que en Europa se actuase acríticamente y al dictado de ellos.

En esta causa Llarena casi siempre ha actuado en consonancia con los planteamientos de la Fiscalía del Tribunal Supremo, a pesar de algunas destacadas excepciones como esta, o cuando Fiscalía no se opuso a la libertad del conseller Forn y, para impedirle salir en libertad, Llarena se alineó con la acusación popular de Vox. Esto es algo que más allá de los Pirineos sigue sin entenderse: todo un magistrado de un Tribunal Supremo actuando sobre la base de los postulados de un partido de ultraderecha.

En cuanto me enteré del auto me comuniqué con el president Puigdemont, que en esos momentos estaba reunido con los colegas daneses a quienes les envié la resolución nada más colgar la conversación. A los pocos minutos recibí una llamada de una de las abogadas danesas, que sin decir nada más me preguntó: «¿Realmente dice que no cursará la OEDE porque puede que en Dinamarca no se entienda el tema?». No sin pedir disculpas por la vergüenza ajena que eso me generaba, le traduje literalmente el contenido del auto, quedándose ella más sorprendida si cabe.

Ese auto desbarataba el relato de diciembre según el cual Llarena era un gran estratega; en realidad era un hombre asustado que no se atrevía a confrontar su tesis en ningún escenario democrático.

El viaje transcurrió sin más incidencias y el president Puigdemont regresó a Bruselas sin problema alguno; el riesgo había valido la pena y demostraba que disponía de libertad de movimientos en toda Europa a excepción de España, donde, una vez más, el Tribunal Supremo se había visto obligado a generar un nuevo relato: Llarena quería evitar un enjuiciamiento dispar y abrir diversos frentes internacionales. Este relato sobrevivió escasos días y, más tarde, cuando se produjo la detención del president Puigdemont en Alemania, Llarena no tenía dos sino cuatro escenarios internacionales… Ese relato tampoco se sostenía.

La verdad era muy distinta: Llarena no conocía el sistema danés de euroórdenes, simplemente quería evitar un varapalo y, para ello, no dudó en acudir al «principio de oportunidad» penal, que no tiene encaje legal en España. Es decir, no le perseguiría allí, en Dinamarca, porque para Llarena no era oportuno cuando la Ley le obliga a hacerlo allí donde sepa que se encuentra.

En términos muy sencillos podríamos decir que algunos países sustentan su sistema penal en el principio de oportunidad y otros en el de legalidad; según el primero se acusa en aquellos casos en que, habiendo indicios de criminalidad, resulta oportuno o conveniente hacerlo; en el segundo, se acusa siempre que se entiende que existen indicios de haber conculcado alguna norma penal. En España rige el principio de legalidad, pero, en este procedimiento, se ha torcido la norma y se ha aplicado indistintamente uno u otro principio, llegando a ser, en algunas ocasiones, los grandes ausentes del proceso.

Las siguientes dos semanas fueron de constantes conversaciones con Christophe y Toni para intentar avanzar en los diversos temas. Dábamos un paso adelante y dos atrás porque no alcanzábamos el consenso necesario para poner en marcha todo lo que se había diseñado. Finalmente sí lo conseguimos, como ha sido la tónica en todo este proceso, y la idea final fue mucho más sólida y potente que la inicial, cosa que me alegró mucho.

En paralelo, Meritxell iba coordinando todo el trabajo de traducciones que, una vez más, era la clave de lo que estábamos haciendo: había que encontrar las bases fácticas en un formato que fuese sencillo de traducir y fácil de comprender para alguien que no conociese los entresijos de la política y la judicatura española. No era sencillo pero todo iba llegando y, una vez diseccionado y filtrado, el material se enviaba a Meritxell y ella lo distribuía entre los distintos traductores que había contactado y que trabajaban sin pausa de lunes a domingo.

Al cabo de dos semanas volví a Bruselas. Había cosas que coordinar, afinar y empujar porque el tiempo seguía apremiándonos, mientras que en la esfera estrictamente política el juez Llarena seguía dictando resoluciones que poco o ningún fundamento legal tenían, pero afectaban profundamente a la situación política en Catalunya y España.

Nuestros defendidos tenían que dividir su tiempo entre las obligaciones y reuniones políticas y las reuniones y gestiones encaminadas a su defensa; nosotros, los abogados, entendimos muy bien esa situación y acordamos que solo los requeriríamos cuando se necesitase darles información concreta, aclararles dudas específicas o plantearles cursos de acción determinados.

Tuvimos algunos retrasos en cuanto a las iniciativas jurídicas, especialmente de cara a presentarlas antes del 9 de marzo, pero no fue ni un retraso relevante ni mermó un ápice de efectividad, como se fue comprobando meses después. Escaseaban el tiempo y los recursos y quedaban muchas cosas por hacer, siendo todos conscientes de que, en cualquier momento, vendría la segunda OEDE.

El 6 de marzo me fui a Lausana porque el día 7 tenía una vista de apelación ante el Tribunal de Arbitraje Deportivo (TAS en francés) por una queja de la Federación de Fútbol de Palestina en contra de la FIFA. Debíamos estar muy temprano allí el día 7. Me reuní con Jibril Rajoub, el presidente de la Federación, y con Susan Shalabi, la secretaria general, para revisar los últimos flecos de la vista que tendríamos al día siguiente.

El TAS está ubicado en un chalet que debió de ser, en el pasado, una imponente casa de alguna familia adinerada de la zona, y cuenta con unas instalaciones muy acordes con la función que realiza pero sin las extravagancias ni excesos que se ven en la sede de la FIFA en Zúrich. La vista fue larga, y de allí nos trasladamos a Ginebra, donde teníamos otras reuniones programadas.

Caminar con Jibril Rajoub por Ginebra me sirvió para que me fuese contando sus primeros viajes a esa ciudad, donde comenzaron a negociarse los acuerdos de Oslo; con él me entiendo muy rápidamente y, a pesar de las formalidades, nuestra relación se asienta en la confianza mutua y en algunos puntos en común, como son el largo periodo de prisión que ambos hemos sufrido.

Ya de regreso en Madrid, el 10 de marzo explotó una nueva noticia porque se hizo público que Clara Ponsatí se encontraba ya en Escocia, como anunció ella misma desde St. Andrews a través de un tuit. Una vez más las cosas habían salido bien y la única reacción del Estado fue la de generar un nuevo relato explicando que desde el Reino Unido sería muy fácil conseguir su extradición. El tiempo ha demostrado que no solo no fue así sino que no se trataba más que de un relato para «consumo interno».

Esta secuencia de relatos se sustentaba y se sustenta no en la realidad sino en deseos carentes de cualquier fundamento jurídico; primero la Audiencia Nacional y luego el Supremo han estado siempre muy mal asesorados porque se apoyan en premisas incomprensibles desde una perspectiva democrática y se construyen de espaldas a la realidad judicial y jurídica europea. Ni Escocia ni el Reino Unido son países fáciles para conseguir entregas ni extradicionales ni en materia de OEDE, y ello por algo muy sencillo: los jueces resuelven conforme a Derecho y con absoluta independencia de la mayor o menor voluntad política que exista por parte de los respectivos gobiernos.

La decisión de instalarse en Escocia y esperar allí a la siguiente OEDE no era, desde un punto de vista estrictamente jurídico, la más acertada, pero, sin duda, lo era desde la perspectiva humana, profesional y también, política. Cuando digo que desde un punto de vista estrictamente jurídico no era la mejor decisión me baso, única y exclusivamente, en que el sistema escocés, que no es igual al de Inglaterra, es «más corto» o, dicho de otra forma, en caso de ir mal el procedimiento, tiene menos recorrido en materia de recurso; sin embargo, en Escocia, tal cual se ha demostrado, Clara contaría con un respaldo social, académico y político de primer nivel que permitiría, incluso, montar una línea de defensa más «osada» en términos de los puntos que alegaríamos llegado el momento.

Mientras Clara se reinstalaba en Escocia, en Catalunya seguían los problemas políticos para formar gobierno y ello, principalmente, porque al juez Llarena no le gustaba ninguno de los candidatos que se iban proponiendo; cada día era más claro que el juez instructor hacía política en lugar de investigar unos hechos presuntamente delictivos. No obstante, sus relaciones con relevantes líderes políticos del Partido Popular no quedarían evidenciadas hasta avanzado el verano de 2018, cuando fue sorprendido cenando con uno de los hermanos Fernández Díaz en un conocido restaurante de Catalunya.

Durante esos días y semanas se sucedían los rumores sobre la inminencia del dictado del auto de procesamiento, medida que a mí me parecía sorprendente teniendo en consideración el estado de la investigación y los requisitos procesales para poder emitir tal resolución. En cualquier caso, el tiempo me ha demostrado que toda previsión legal no es aplicable a las actuaciones que se siguen en este procedimiento, porque el Derecho, especialmente el procesal, dejó de formar parte de los límites y garantías que han de respetarse y se ha gestado un nuevo «cuerpo legal», no ya *sui generis* sino claramente *ad hoc* para este caso concreto; lo que sí tenía claro era que cuando se dictase el auto de procesamiento se emitiría una nueva OEDE y la estaríamos esperando.

Volví a Bruselas, después de la salida de Clara, para afinar detalles y revisar una serie de cosas tanto con los abogados como con los defendidos. En la reunión con el president Puigdemont y el resto de consellers me plantearon la necesidad de realizar algunos viajes y querían ver los tiempos del procedimiento en España, los riesgos que se podían correr, las posibilidades de defensa que tendrían en caso de torcerse las cosas… y así un cúmulo relevante y muy lógico de preguntas que necesitaban una respuesta acertada y concreta.

Viajar no era ningún problema, pero había que hacerlo a aquellos países en que tuviésemos garantías de poder defender de forma adecuada y, sobre todo, concediéndome el tiempo suficiente para tener preparado un equipo jurídico en caso de ser necesario. La idea era ir siempre por delante, como hemos hecho en todo momento.

Finalmente, mientras Clara se encontraba en Escocia, el president Puigdemont y Meritxell fueron a Suiza, donde tenían que atender distintos compromisos políticos; en principio no había nada que temer y, además, al no estar Suiza en el ámbito de la Orden Europea de Detención, si Llarena cursaba una nueva, el procedimiento se tramitaría en función del Convenio Europeo de Extradición de 1957, en el cual había mucho margen de defensa. En cualquier caso, desde que supe que viajarían a Suiza contacté, discretamente, con buenos abogados de confianza para tener un posible escenario preparado en caso de que sucediese cualquier cosa.

El sistema suizo, que finalmente es el que podría haber afectado a Marta Rovira, tiene una marcada etapa política o gubernamental y luego una judicial que se sustancia ante un Tribunal Federal principalmente de habla alemana, lo que, para mí, era una ventaja.

Después de Suiza el president Puigdemont viajaría a Finlandia en el marco de sus actividades políticas, pero lo que en esos momentos no sabíamos eran las intenciones inmediatas de Llarena, que se materializarían, contra viento, marea y derecho, con el dictado, el 21 de marzo, del auto de procesamiento.

No solo dictó el auto de procesamiento sino que, además, señaló para el viernes 23 de marzo una comparecencia según el artículo 505 de la Ley de Enjuiciamiento Criminal, para decidir la prisión o libertad de los procesados. La declaración indagatoria la difirió para el 16 de abril.

Nada más leer esa resolución y los señalamientos tuve claro que Llarena volvía a interferir en el ámbito político y que quería impedir la investidura de Jordi Turull como president de la Generalitat, prevista para el sábado 24 de marzo. Ya no me cupieron dudas de que decretaría la prisión del resto de políticos que estaban aún en libertad.

A partir de ahí era lógico pensar que se dictaría la segunda OEDE y, por tanto, avisé a todos los defendidos de esa posibilidad más que cierta. También hablé largo y tendido con Christophe, con Toni y con Jaume Asens al respecto, pues me preocupaban mucho los más que seguros ingresos en prisión que se producirían ese mismo viernes.

El principal indicio que tenía para deducir que se acordaría el ingreso en prisión era que Llarena separó la llamada «declaración indagatoria», que se le toma a todo procesado, de la comparecencia de prisión, que acordó, como he dicho, para ese mismo 23 de marzo. El juez había decidido votar en Catalunya e impedir, por la fuerza de los hechos, que el Parlament eligiese president a quien contaba con apoyos suficientes para serlo.

Toni y Jaume Asens coincidieron con mi análisis, pero no había mucho que se pudiese hacer más que hacer llegar la información a los políticos a los que dicha medida pudiese afectar para que, así, tomasen sus respectivas decisiones con la mayor cantidad de elementos de juicio posible.

Llarena no movió ninguna otra ficha pero el jueves 22 de marzo era ya ampliamente asumido que la OEDE vendría en cualquier minuto. Era urgente que todos regresasen a Bélgica, donde teníamos domicilio acreditado, gestiones muy avanzadas para una eventualidad así y, sobre todo, una defensa prácticamente lista para implementarse en cualquier minuto.

El teléfono no paraba. Hubo llamadas a Toni, a Meritxell, a Lluís, a Clara, a Christophe y al propio president Puigdemont, que acababa de llegar a Finlandia, desde donde no era sencillo ni rápido regresar, como luego se ha visto.

El viernes 23 de marzo Llarena celebró las comparecencias de situación personal y decretó prisión incondicional para Jordi Turull, Raül Romeva, Carme Forcadell, Dolors Bassa y Josep Rull. Marta Rovira no se presentó, y apareció después en Suiza. Fue, para ella, una decisión nada sencilla, pero, desde mi perspectiva, muy acertada.

Terminadas esas comparecencias y decretada la prisión, el siguiente acto de Llarena consistió en cursar las nuevas Órdenes Europeas de Detención y Entrega, así como una Orden Internacional de Detención en contra de Marta Rovira. Ya no había tiempo para nada y lo urgente era conseguir que el president Puigdemont llegase a Bruselas lo antes posible. Finalmente no lo conseguimos, con las consecuencias que ello tuvo, que, como se demostró más adelante, se transformaron en una nueva victoria dentro de la estrategia internacional de defensa que habíamos diseñado.

4

Alemania: la detención

El viernes 23 y sábado 24 de marzo fueron días de gran tensión. Hablé con Toni unas cuarenta veces; la situación era muy compleja y necesitábamos que el president Puigdemont llegase cuanto antes a Bruselas para coordinar allí las defensas. Mi teléfono no paraba de sonar; entre amigos, periodistas, defendidos y muchas más llamadas estaba agotado, pero no podíamos parar.

Toni y yo acordamos hablar cada media hora y así lo hicimos; lo mismo con Christophe, que estaba, junto con Paul, en contacto permanente con la Fiscalía de Bruselas para presentar a nuestros defendidos en cuanto ellos nos dijesen. Ese mismo viernes, ya por la tarde, decidimos informar al fiscal de que el president Puigdemont venía de camino y que esperábamos llegase el sábado por la noche para presentarlo, si fuese necesario, el mismo domingo o lunes.

Mientras todo esto pasaba también mantenía contacto con el president Puigdemont, que me iba informando, en la medida de lo conveniente, de su posición y, por mi parte, le iba explicando los pasos a seguir. En paralelo contacté con abogados finlandeses por si se producía la detención allí, ya que, en esos momentos, no sabíamos cuándo lograría salir ni por dónde. A mí no me interesaba saber cómo y por dónde saldría, sino, simplemente, que llegase a Bélgica lo antes posible.

Como no podíamos jugarnos todo a la carta Finlandia

o Bruselas procedí a revisar las rutas posibles de regreso y, sobre esa base, fui contactando con abogados amigos en los distintos países por si los necesitábamos; la idea era estar preparados para lo que sucediese cuando y donde fuese. No era sencillo pero una de las ventajas de viajar mucho y trabajar también fuera de España es que la red de contactos es amplia y se activa en cuestión de minutos.

El sábado, ya sobre las 23.30, hablé nuevamente con Toni, quien me dijo: «Me avisan de que el águila ya está en su nido». Ni él ni yo sabíamos que eso no era así, pero aún tardaríamos unas horas en enterarnos. Decidí irme a la cama porque el domingo tenía muchas cosas que hacer y el lunes a primera hora volaba a Bruselas, donde habíamos planificado una reunión de coordinación de todos los abogados de cara al proceso en Bélgica en el despacho de Michell.

Como es mi costumbre, ese domingo me levanté muy temprano, leí la prensa, tomé mi dosis habitual de café, saqué a pasear a Lili, nuestra perra, y me fui al supermercado porque a esas alturas, y tan centrados como estábamos en el caso y en el resto del trabajo, en casa ya no teníamos de nada.

Cuando estaba terminando de colocar las compras y eran exactamente las 11.21 de la mañana, me sonó el teléfono, a través de una aplicación segura. Era el president Puigdemont. Inmediatamente supe que sucedía algo malo, por lo que ni tan siquiera le saludé sino que le pregunté: «¿Qué ocurre?», a lo que él contestó con una apabullante tranquilidad: «Nada grave, estoy aquí con unos señores policías alemanes a pocos kilómetros de la frontera con Dinamarca».

Manteniendo la calma porque él ya había marcado la pauta de cómo había que comportarse, se produjo un diálogo que nunca olvidaré:

—President, ¿te acuerdas del primer documento?
—Sí, claro.
—¿Y de que Alemania estaba entre los cinco países que recomendé?
—Claro, lo tengo muy presente.

—Pues no te preocupes, haremos bueno el documento, así que pásame con esos policías.

Inmediatamente se puso un agente de la policía alemana que se identificó. Le expliqué que era el abogado del president Puigdemont y que necesitaba que me dijese a qué ciudad lo llevaría, a qué comisaría y cuál era el teléfono de la misma.

Fue muy amable y profesional dándome inmediatamente todos los datos; le indiqué que designaba para la defensa al profesor Schomburg y que lo avisaríamos para que fuera a la comisaría. Su respuesta fue sorprendente pero me sirvió para ubicarme o contextualizar la situación: «No llame hasta dentro de media hora porque como hemos salido dejé puesto el contestador». Estaba claro que era un pueblo y que el conjunto de la dotación policial iba en el coche con el que habían interceptado al president de la Generalitat de Catalunya… Ya era mala suerte.

Ante esa respuesta le pedí que me pusiese nuevamente con el president Puigdemont, cosa que no dudó en hacer. Entonces le indiqué que su abogado se llamaba Schomburg y que me repitiese el nombre para asegurarme de que lo decía correctamente en la designación… No hubo que repetirle nada porque quien habla muchos idiomas siempre tiene el oído presto para otro nuevo.

Nada más colgar llamé a Wolfgang Kaleck para, con absoluta discreción, explicarle lo sucedido, comprobar que Schomburg, a quien entonces yo no conocía personalmente y cuyo contacto él me había dado, estuviese disponible y para consultarle cuál creía él que debía ser nuestro curso de actuación.

Wolfgang Kaleck siempre sabe lo que hay que hacer y conserva la calma, por lo que su consejo era el que más necesitaba en esos momentos. Hablamos cerca de diez minutos, cuadramos todo lo necesario y quedamos para hablar en una hora, tiempo que él usaría para hablar con Schomburg.

Al colgar llamé a Toni para informarle, luego a Christophe y después a Jaume Alonso Cuevillas, con quien solo había coincidido en la vista del 4 de diciembre en Bruselas, por lo que en esos momentos no sabía la buena relación y amistad que construiríamos en las semanas y meses siguientes. Había nervios por todos lados, pero era el momento de mantener el control y actuar desde la más absoluta frialdad para hacer las cosas bien. No podía haber fallos, no había margen para el error: eso es mucha presión y había que demostrar estar a la altura del desafío.

Nada más terminar conseguí hablar con Wolfgang Schomburg y explicarle la situación. Su voz profunda y grave reflejaba mucha tranquilidad y me manifestó que se encontraba de vacaciones a unos treinta kilómetros de donde había sido detenido el president Puigdemont... La cosa comenzaba bien. También me dijo que involucraría a su hijo Sören en el caso y que iríamos viendo cómo estructurar la defensa en las próximas horas.

Al comienzo, eso de involucrar a un hijo no me parecía bien, pero no estaba en condiciones de discutirlo. El tiempo me ha demostrado que los juicios precipitados son siempre un error porque Sören es de los mejores juristas que he conocido, con una formación muy por encima de la que corresponde a su edad y una capacidad infinita de análisis y trabajo.

Wolfgang Schomburg y yo acordamos vernos el lunes en Neumünster, que era la pequeña localidad de Schleswig-Holstein a donde llevarían al president Puigdemont. Esto alteraba bastante mi agenda, ya que tenía una reunión de coordinación muy relevante en Bruselas a la que acudiríamos todos los abogados y no podíamos saltarnos... pero como todo en estos meses, a grandes males grandes soluciones: terminé acudiendo a ambos sitios el mismo día.

Nada más colgar con Schomburg llamé a comisaría, me atendió el mismo policía que había detenido al president Puigdemont y le pedí hablar con él nuevamente, a lo que accedió de manera inmediata. Sí, en una comisaría alemana llamo para hablar con el detenido y le pasan la llamada.

Hablamos casi veinte minutos, durante los cuales le informé de lo que había estado haciendo, de los pasos a seguir y de cuándo comparecería ante la juez de guardia, así como que existían muchas posibilidades de que inicialmente le decretasen prisión. Había que explicárselo sin anestesia para que estuviese preparado, pero también le indiqué que en Alemania la prisión provisional era una medida muy excepcional que estaba convencido duraría lo mínimo imprescindible.

Aproveché para pedirle instrucciones sobre con quién tenía que hablar y qué debía decirles. En momentos así es absolutamente necesario que existan mensajes claros y directos para quienes tengan que tomar decisiones que por supuesto no me correspondían a mí, que solo me encargo de la parte jurídica. El president Puigdemont mantuvo en todo momento la calma y esa fue la línea que marcó de ahí en adelante para todos.

Ese domingo estuve casi todo el día conectado al teléfono; los ratos que no los pasé revisando con Isabel cada detalle que pudiese ser útil transmitir a Schomburg para la defensa que allí se iniciaba, sobre todo, estuve ordenando documentación en un disco duro portátil para poder llevármela al día siguiente.

Esa noche fue corta, más bien casi inexistente, porque una vez se acostó nuestra hija continuamos trabajando hasta muy tarde y luego me costó mucho dormirme. Más que el caso jurídicamente hablando me preocupaba la logística de ese lunes: iría de Madrid a Bruselas, después de la reunión seguiría viaje a Hamburgo con Jaume Alonso Cuevillas y Anna, compañera de su despacho, y desde allí cogeríamos un coche y viajaríamos hasta Neumünster, pueblo del que nunca antes había oído hablar, y eso que la zona la conocía muy bien.

A las 4.30 de la mañana me levanté, saqué a pasear a Lili, me duché, tomé un par de cafés y salí al aeropuerto sin tener muy claro qué día regresaría ni cómo resultaría dicho viaje. Tenía la clara sensación de no haber dormido pero usaría las dos horas largas que hay hasta Bruselas para intentar recuperarme algo y llegar lo más despejado posible.

Nada más bajar del avión en Bruselas salí disparado porque el tiempo lo era todo y Christophe me estaba esperando para irnos donde Michell. Todo el viaje entre el aeropuerto y el despacho lo utilizamos para analizar lo que estaba por venir en Bruselas y, sobre todo, en Alemania, porque una detención allí no estaba prevista, a pesar de tener perfectamente estudiado el escenario jurídico.

Sabía lo que decía la ley, sabía cómo actúan los jueces en Alemania, sabía el papel que tendría que jugar la Fiscalía alemana y sabía cuál era mi responsabilidad, pero lo que no había hecho, hasta entonces, era poner todos esos elementos en práctica… es decir, en la pizarra todo salía bien pero ahora había que mezclar los componentes y ver que no explotase el laboratorio.

Al llegar al despacho de Michell ya estaban allí ella, Emmanuelle, Sofie, Crepinne, Meritxell y, sorprendentemente puntual, Toni; a los pocos minutos llegaron Jaume Alonso Cuevillas, Anna y Lluís Puig. Todos querían noticias de Alemania pero había muy pocas, solo sabíamos que por la tarde se haría la comparecencia ante la jueza de garantía y, con gran cautela, Schomburg no me dio ninguna indicación sobre lo que podría o no suceder pero las explicaciones bastaban una vez que me describió la situación: iría a prisión pero esa medida intentaríamos revocarla en cuanto la causa llegase al Tribunal Superior de Schleswig-Holstein.

Como no teníamos tiempo que perder comenzamos la reunión, en la que debíamos revisar la próxima comparecencia ante el juez en Bélgica, lo que se había hablado con la Fiscalía, las repercusiones que la detención en Alemania podría tener sobre la situación en Bélgica y todo ello bajo la presión constante de saber que a las 15.30 Jaume Alonso Cuevillas, Anna y yo teníamos que tomar un vuelo de Bruselas a Hamburgo.

A los pocos minutos llegó Paul, que venía de una reunión en Fiscalía y traía las últimas novedades: la situación en Bélgica no se modificaba por la detención del president Puigdemont y la comparecencia se haría esa misma semana, no se preveían sobresaltos.

Teniendo eso claro, procedimos a revisar otros temas y el trabajo que había que hacer, más bien actualizar, desde noviembre pasado hasta la fecha, especialmente en materia de vulneración de derechos fundamentales, porque mientras más avanzaba la instrucción en España más claramente se evidenciaba que estábamos ante un procedimiento sin ningún tipo de garantías.

Igual que nos sucedió en noviembre de 2017, lo complejo era sintetizarlo todo y exponerlo de una forma comprensible para quien vivía a cientos de kilómetros de esa realidad: los jueces y fiscales belgas. La gran ventaja era que ya teníamos un documento base, de más de 180 páginas, donde se estructuraba una defensa muy sólida y que, sin duda, era un compendio jurídico que deberíamos actualizar y utilizar.

A las 14.00 Christophe nos recordó que teníamos que irnos al aeropuerto; parecía que el tiempo había volado. Quedaban escasos minutos que aprovechamos para hacer una agenda de trabajo y, como no había tiempo de pasarla a limpio, procedimos a fotografiarla y enviarnos la imagen al grupo de abogados.

Siempre me ha gustado el despacho de Michell, pero no sé por qué en esa ocasión volví a echarle una mirada como si dejase algo atrás. Bajamos hacia el coche de Christophe y nos acompañaron Lluís, Meritxell y Toni para despedirnos, desearnos todo lo mejor y mandarnos los últimos recuerdos para el president Puigdemont. Creo, pero nunca lo he contrastado, que de los que bajamos a la calle los únicos que no éramos conscientes de la gravedad de la situación, en términos de política catalana, éramos Christophe y yo… Igual fue lo mejor porque eso nos permitía actuar con una mayor frialdad.

Antes de subirme al coche me abracé a Meritxell y luego a Lluís, ambos fueron muy cariñosos. Después se acercó Toni que me dio un fuerte abrazo y me dijo: «Haz lo que tengas que hacer pero necesitamos que lo saques…». Lo decía de todo corazón y no estaba trasladándome presión sino sus sentimientos. A estas alturas Toni y yo teníamos una gran complicidad, hablábamos a diario y lo hacíamos con toda honestidad, por lo que le contesté: «Acuérdate de "Efecto Dominó", ahí está todo y todo saldrá bien». No tenía dudas del resultado, pero he de reconocer que había momentos en que la situación daba vértigo.

De camino al aeropuerto fuimos hablando de los detalles pendientes y escuchando las explicaciones que nos daba Jaume Alonso Cuevillas. Tanto a Christophe como a mí nos venían muy bien para percibir el grado de impacto que la detención del día anterior había tenido en Catalunya; no éramos conscientes pero pronto lo seríamos. En el GPS había puesto la dirección de la prisión, donde primero debíamos dirigirnos; de ahí acudiríamos a una reunión con los Schomburg tal cual habíamos coordinado por teléfono antes de despegar de Bruselas.

Una vez entramos en Neumünster bajé la velocidad, y en cuestión de minutos llegamos a un lateral de la prisión, donde nos encontramos con más de cuatrocientos periodistas con sus cámaras, micrófonos y deseos de noticias. También había un grupo importante de personas que se habían desplazado desde Catalunya, casi todos políticos a los que yo, hasta entonces, no conocía.

Unos diez policías cortaban el acceso al aparcamiento de la prisión, abrí la ventana y le dije a uno: «Somos abogados, ¿podemos aparcar aquí?». Sin dudarlo me contestó que sí y entré, con dificultades por la ingente cantidad de periodistas y vehículos de la televisión, pero al final logré aparcar y nos bajamos del coche.

Todos los medios catalanes se fueron directamente hacia donde estaba Jaume Alonso Cuevillas, momento que utilicé para escabullirme y salir de ahí en busca de Josep Maria Matamala (Jami) y Xavi. Ambos estaban no solo agotados sino muy preocupados. Junto a ellos había otras personas pero carecíamos de tiempo para presentaciones, solo para transmitirles que la situación estaba bajo control, que era delicada pero que lo solucionaríamos. Con el tiempo he ido conociendo a cada uno de ellos y gestando lo que, estoy seguro, es una buena amistad.

Jaume Alonso Cuevillas y yo intentamos entrar a ver al president en la prisión pero los funcionarios, de forma muy amable pero clara, nos indicaron que el horario de visita para abogados terminaba a las 19.00 y ya eran las 19.15. Conociendo a los alemanes, sabía que no había nada que hacer y que allí solo estábamos perdiendo el tiempo, así que le dije a Jaume que nos fuésemos a la reunión con los Schomburg.

Al salir, informamos a Jami y al resto de gente, cuyos nombres se me enredaban en esos momentos, de que iríamos a un hotel de Neumünster donde nos esperaba Sören Schomburg.

Nos trasladamos hasta ese hotel en varios coches y nada más entrar en la recepción salió a nuestro encuentro Sören Schomburg. Hasta entonces no lo conocía personalmente pero ambos nos reconocimos a la primera. Igual fue porque ahí o tenías aspecto de periodista o de abogado. Subimos discretamente a una sala de reuniones que ellos habían reservado con antelación y comenzamos a analizar la situación.

Sören nos explicó que su padre iba de camino a una importante reunión y luego nos dio todos los detalles de lo sucedido hasta ese momento. Tal cual he aprendido con el tiempo, Sören es poco dado a levantar falsas expectativas y fue muy claro: no podemos hacer nada por cambiar la situación hasta dentro de unos días, cuando el procedimiento llegue al Tribunal Superior de Schleswig-Holstein.

Todo el resto de la conversación giró en torno a datos que le íbamos aportando de la causa en España y a discutir diversos escenarios de cara a lo que habría que afrontar a partir de ese momento. Tenía necesidad de documentación y, sobre todo, de algo que sería fundamental: interiorizar el problema político y la judicialización del mismo por parte del Estado español; necesitaba el contexto.

Sobre las 21.30 dimos por terminada la reunión y Sören nos indicó que regresaba a Berlín porque a la mañana siguiente tenía una audiencia allí. Por nuestra parte íbamos a quedarnos en otro hotel, de los dos que hay en Neumünster, pero teníamos que cenar ya que, a esa hora, la ensalada que comimos en Bruselas estaba a la altura de los pies.

No era temprano para estándares alemanes y mucho menos en un sitio como ese, así que pregunté en el hotel si podían darnos de cenar. Cuando nos confirmaron que sí pasamos al comedor a tomar algo contundente pero rápido porque iban a cerrar la cocina.

Al entrar en el restaurante nos dimos cuenta de que era donde se hospedaban los periodistas españoles, así que nos acercamos a saludar y tanto ellos como nosotros entendimos que el día había sido largo y que todos necesitábamos nuestro espacio y descanso. Sin estorbarles, nos dirigimos al otro extremo del local, donde nos juntaron varias mesas para cenar.

Una vez terminamos, seguí con el coche a Jami y nos dirigimos a nuestro hotel donde nos reunimos, entre otros, con Josep Rius, Quim Torra y Josep Lluís Alay; el ambiente era muy agradable pero también de mucha preocupación por la situación en que se encontraba el president Puigdemont.

El hoy president Torra me repitió varias veces: «Esto es muy fuerte, es que tienen encarcelado al president de Catalunya», y fue entonces, y solo entonces, cuando dimensioné la gravedad de la situación.

Compartimos unas cervezas y traté de explicarles las particularidades del procedimiento en Alemania, lo importante que era contar con Schomburg para la defensa y, de manera incluso machacona, que en Alemania el gobierno no podía interferir. Sé que, en esos momentos, era muy difícil que comprendiesen que allí las cosas no funcionan como en España y que los jueces resolverían conforme a Derecho.

Estuvimos hasta muy tarde hablando, más bien hablando yo, para que todos estuviésemos al tanto de todo y para que asumiesen que no sería rápido pero que solucionaríamos el problema. Indiqué claramente que en esos momentos la prioridad era conseguir la libertad provisional del president Puigdemont y que el objetivo final era impedir la entrega a España.

Aproveché para explicarles que necesitaríamos ampliar el equipo jurídico en Alemania, que necesitábamos un abogado que se encargase de la parte comunicacional. Sören nos propuso a Till Dunkel, con quien ya habíamos contactado y se acercaría al día siguiente a Neumünster para reunirse con nosotros y acordar su incorporación al equipo.

Dormimos poco, pero eso es la costumbre en mí, y nos reunimos para desayunar sobre las 7.30 de la mañana. Todos teníamos sueño, pero también la conciencia de que el tiempo corría y había que hacer aún muchas cosas.

Al poco rato me llamó Sören diciendo que ya había pedido autorización a la Fiscalía para que Jaume y yo visitásemos al president Puigdemont en la prisión y que en cuanto la concediesen nos avisaría; en esos momentos, y mientras el caso no llegase al Tribunal Superior, dependíamos de la Fiscalía alemana. Para conseguir esa autorización tuvimos que acreditarnos y conseguir alguna documentación de España, pero tanto el equipo de Jaume como el mío funcionan como un reloj y eso fue sencillo y rápido.

Después de desayunar estuvimos revisando temas, contestando llamadas, organizando cosas a distancia, hablando con Toni, Meritxell, Clara y Lluís y sobre todo con Christophe, porque la presentación en comisaría en Bruselas era inminente.

Sobre las 12.00 nos fuimos a un restaurante cercano donde habíamos quedado con Till para conocerle, escuchar sus planteamientos y ver si era la persona indicada para encargarse de la comunicación jurídico-judicial del caso en Alemania. A esa reunión fuimos Jami, Alay, Jaume Cuevillas, Anna y yo.

Creo que todos tuvimos claro que Till era la persona adecuada para ese trabajo y ahí mismo se acordó su incorporación al equipo alemán. En paralelo, mientras estábamos comiendo, me llamó Sören para decirme que la autorización para visitar al president Puigdemont estaba lista y podíamos hacerlo a partir de las 13.30. Nada más salir llamé a Wolfgang Schomburg para informarle.

Del restaurante nos fuimos a la prisión que, al igual que el día anterior, estaba llena de periodistas de medios catalanes, españoles, alemanes e internacionales. Todos los que no habían llegado el lunes lo habían hecho la mañana del martes, y nada más bajarnos del coche Jaume y yo les indicamos que al salir haríamos declaraciones pero que aún no teníamos nada que decir.

Los trámites de ingreso en una prisión, sea en el país que sea, no son rápidos, y tal vez la mayor diferencia es que allí nos estaban tratando con mucha delicadeza y aclarándonos todo lo que les preguntábamos. Terminados esos trámites nos acompañó un funcionario y salimos a un patio interior a través de una pesada puerta metálica.

Era un amplio patio rodeado por los diversos edificios que componían la pequeña prisión de Neumünster, que más parecía un antiguo hospital que un centro penitenciario. A través de ese patio nos condujeron a uno de los edificios laterales hasta una pequeña, sobria pero práctica, sala de reuniones en la que había una mesa, cuatro sillas y acceso a otro espacio con un escritorio y un ordenador.

El guardia que nos acompañó nos indicó con mucha corrección que «Herr Puigdemont» llegaría en unos minutos, tiempo que Jaume Cuevillas y yo utilizamos para ordenar las ideas, revisar las notas que llevábamos y poco más. Pasados unos diez minutos entró el president Puigdemont al que ambos saludamos con un abrazo que, estoy seguro, él entendió en toda su dimensión. Un abrazo no es nada, pero para una persona que está en prisión es un auténtico gesto; en esta ocasión los abrazos que le dimos Jaume Cuevillas y yo no solo eran sentidos sino que, además, transmitían lo que muchos deseaban explicarle: que estaba ahí por sus ideas, solo pero, en el fondo, acompañado por más de dos millones de personas. Las palabras sobraban.

Inmediatamente nos sentamos, sabíamos que no teníamos mucho tiempo y comenzamos a revisar los distintos puntos que llevábamos anotados. El president Puigdemont también traía un cuaderno con sus propios apuntes, lo que facilitó mucho que no se nos quedase nada en el aire. Era importante darle todos los recados, explicarle la situación al detalle, los pasos a seguir, las reglas de la prisión, las limitaciones que tendría y, también, las gestiones que él debería hacer para que le autorizasen a llamar a su mujer y a sus colaboradores más cercanos.

Cuando terminamos de revisar las notas tuvimos aún tiempo para entrar en lo personal, en explicarle anécdotas de lo que estaba sucediendo fuera y de que él nos contase sus primeras horas en prisión. Después de cumplir casi ocho años en prisión me es muy sencillo empatizar con alguien que está en esa situación, y por eso traté de transmitirle algunas vivencias y algunos consejos que, en su día, otros presos políticos también me habían dado a mí; fue una conversación muy intensa que, estoy seguro, marcó nuestra relación de futuro.

Una vez terminamos nos despedimos con un fuerte apretón de manos y diciéndole que nos veríamos en pocos días; la verdad es que no sabíamos cuántos pero estábamos seguros de que volveríamos a Alemania, porque el proceso no sería rápido aunque consiguiésemos su libertad. Un guardia lo acompañó por una escalera y otro nos escoltó a Jaume Cuevillas y a mí a través del mismo patio hacia la salida donde teníamos que recuperar algunas de nuestras pertenencias, momento que aprovechamos para aclarar lo que diríamos a la prensa al salir y nos repartimos los papeles: Jaume hablaría en catalán y castellano y yo lo haría para los medios internacionales en inglés y alemán. El mensaje estaba claro.

Las imágenes de esa rueda de prensa o declaraciones a la salida de la prisión de Neumünster darían la vuelta al mundo, por lo que era muy importante comunicar adecuadamente algo para lo cual nunca nos han preparado a los abogados. Lo único que veía eran cámaras y micrófonos por todos lados, así que pedimos algo de orden y un metro de distancia. Comenzó Jaume Cuevillas explicando cómo habíamos visto al president Puigdemont y qué nos había pedido transmitir a quienes le apoyaban.

Para mí era algo más sencillo porque Jaume ya había roto el hielo y yo tenía que repetir en inglés y alemán lo que él había dicho, pero en un momento dado, y no tengo aún claro el motivo, también consideré oportuno precisar que la situación se revertiría antes de lo que muchos esperaban. No era un deseo sino lo que me decía mi instinto, un instinto fundamentado en el conocimiento del procedimiento alemán y sus peculiaridades. Había margen de defensa y lo usaríamos.

Terminada la rueda de prensa nos montamos en el coche que había alquilado, nos acompañaron hasta el aeropuerto Jami y Josep Lluís, mientras que atrás nos seguían con el ya famoso Renault Mégane en que había sido detenido el president Puigdemont. Todo el viaje lo usamos para ir informando a Jami y Josep Lluís de la conversación que habíamos tenido en la prisión y que ellos transmitiesen esos detalles y mensajes al resto de sus allegados.

Tanto Jaume Cuevillas como yo teníamos que volver, él a Barcelona y yo a Bruselas donde tenía reunión con Lluís, Meritxell y Toni, a quienes debía informar en detalle de la situación en Alemania y de lo conversado con el president Puigdemont. Ambos vuelos salían casi a la misma hora y, como no podía ser de otra forma, el tiempo nos iba pisando los talones, por lo que poco margen tuvimos para grandes despedidas y sí mucha urgencia por dejarlo todo bien organizado.

Nada más aterrizar en Bruselas me fui al hotel, donde había quedado con Lluís, Meritxell y Toni. Los dos primeros suelen ser muy puntuales pero como venían con Toni llegaron tarde, lo que me dio tiempo para despejarme un poco, hablar con Isabel, dejar todos los mails contestados y quedarme más tranquilo.

A la hora que llegaron quedaban pocos sitios en Bruselas donde poder cenar y, finalmente, terminamos encontrando un restaurante libanés cuyo deteriorado aspecto no le hacía justicia a la buena comida que nos dieron. Estuve hasta pasada medianoche explicándoles todo lo visto, oído y comentado en Neumünster y, por qué no decirlo, contestar a las cientos de preguntas con las que me bombardeaban, especialmente Toni; la ventaja es que para entonces ya le conocía muy bien y sabía que preguntaba y repreguntaba hasta tener una cabal comprensión de todo. A estas alturas es ya una suerte de abogado en ciernes que comprende plenamente la lógica jurídica y es capaz de traducirla a términos políticos, cosa que facilita mucho el trabajo.

La situación en Bélgica se aclararía rápidamente esa misma semana y quedarían en libertad y sin medida cautelar alguna, a excepción de la obligación de notificar si iban a abandonar el territorio belga. Eso lo teníamos claro por lo que, a la mañana siguiente y sin esperar a la comparecencia que tenían fijada para ese jueves, tomé el primer vuelo de la mañana de regreso a Madrid, donde tenía una serie de señalamientos judiciales que atender que no me iban a suspender por estar a caballo entre

Alemania y Bélgica, mucho menos por este procedimiento. Durante este tiempo he comprobado lo poco que les preocupa a los tribunales españoles no ya la agenda de los abogados sino incluso los señalamientos ante Tribunales Internacionales, y no me refiero a los de Alemania o Bélgica, sino, por ejemplo, el Tribunal Europeo de Derechos Humanos.

Recuerdo que en una vista ante la Sección Segunda de la Audiencia Provincial de Pontevedra manifesté mi imposibilidad de acudir a un determinado y nuevo señalamiento por estar citado ante la Gran Cámara del Tribunal Europeo de Derechos Humanos y recibir del presidente, con una mezcla de arrogancia e ignorancia, un escueto: «Ese es su problema».

En las semanas siguientes me haría habitual de la ruta Madrid-Bruselas-Berlín-Bruselas-Madrid. Los viajes se sucedían y no había forma de ralentizar el ritmo, estaba agotado pero el desafío era tan grande que sacaba energías de donde no las había.

A mi regreso revisé algunas noticias de prensa que se habían producido esos días y nunca olvidaré una portada del diario *Abc* que no dejó de impactarme y, al mismo tiempo, sobremotivarme: eran dos manos, vestidas con puñetas de jueces, saludándose con un rotundo «DANKE», como adelantándose a una resolución favorable a la entrega.

Era evidente que el relato, una vez más el maldito relato, y la falta de conocimientos y comprensión de la realidad existente más allá de los Pirineos era lo que los llevaba a actuar con total triunfalismo. En lo personal, siempre reacciono de la misma forma: mientras mayor es el desafío más me motivo y esa portada, que aún conservo, me sirvió durante muchos meses de motivación para afrontar las complejidades del proceso en Bélgica, Escocia y Alemania, así como para domar, ese es el término correcto, el cansancio que se iba acumulando.

5

Bruselas: tercera etapa y Alemania: la libertad

A partir de la detención del president Puigdemont todo se complicó en términos de logística, porque ya no solo tenía que estar atento a Bélgica y Escocia, sino también a Alemania, y ello implicaba pasar de un sistema procesal a otro, de un equipo jurídico a otro, de un idioma a otro y de un país a otro... Eran como realidades paralelas pero, en el fondo, todo tenía sentido y era un conjunto. También estaban Escocia y Suiza, aun cuando en Suiza intuíamos que no moverían ficha hasta que resolviesen los alemanes, pero no así en Escocia. Fueron días frenéticos en los que tuve que cargar mi móvil muchas veces al día, y aun así no llegaba.

Desde el 23 de marzo, fecha en que se cursó la segunda OEDE, Christophe y yo no hacíamos más que darle vueltas a todo, especialmente a la propia orden. Había algo que no nos encajaba pero ninguno de los dos era capaz de tenerlo claro, y por eso estuvimos muchas horas al teléfono hasta el mismo día en que detuvieron al president Puigdemont y caímos en la cuenta: la OEDE carecía de una orden nacional de detención y, en el apartado «b» del formulario, se establecía que el sustento de la misma era el auto de procesamiento del 21 de marzo.

Una vez estuvimos absolutamente seguros de eso comenzamos a buscar jurisprudencia, hasta que dimos con el precedente del caso Bob-Dogi, resuelto en su día por el Tribunal de Justicia de la Unión Europea. Este encajaba perfectamente pero no estábamos seguros de cuándo plantearlo ni cuál era la mejor forma de hacerlo. Tuvimos intensas conversaciones hasta que decidimos que debíamos, por lealtad procesal, poner el hecho en conocimiento del fiscal belga antes de que nuestros defendidos compareciesen en comisaría y luego ante el juez de garantías.

Christophe se encargó de esas conversaciones y, desde un primer momento, el fiscal fue receptivo a dicho descubrimiento, pero nos dijo que él actuaría con lealtad hacia las autoridades españolas, por lo que, con independencia de plantearlo ante el juez de garantías, pediría a España que aclarase el tema de cara a la vista de extradición. Nosotros ni podíamos ni queríamos oponernos, porque en todo momento hemos tratado de tener una relación de honestidad profesional con el fiscal belga y lo mismo hicimos en Alemania y en Escocia.

Como era de esperar el juez de garantía no quiso entrar en el tema de un rechazo *a limine* de la OEDE y prefirió que esa cuestión se plantease en la propia vista de extradición; tal decisión dio tiempo al fiscal belga, ese que luego ha sido tan dura e injustamente criticado por parte de España, para solicitar al juez Llarena aclaración. En su escrito fue bastante didáctico sobre los fallos que veía en la OEDE, pero a Llarena le pudo la arrogancia y no supo entender que lo que estaba haciendo el fiscal era darle pie a una rectificación del tema.

La respuesta de Llarena fue la que nosotros esperábamos y pilló por sorpresa al fiscal belga porque, resumidamente, lo que venía a decir era que el auto de procesamiento era la orden de detención nacional válida y se sustentaba en la orden nacional de detención dictada el 2 de noviembre por la jueza Lamela. Lo que Llarena no ha entendido es que el sistema de Euroorden se sustenta en que exista una orden de detención nacional válida para la detención y entrega de una determinada persona, en virtud de la cual se pide la colaboración del resto de países miembros del sistema Schengen; el auto de procesamiento no era una orden de detención ni tampoco incluía medida cautelar alguna, por lo que Llarena debería haber emitido, junto con el auto de procesamiento, una orden nacional de detención y, sobre esa base, una Orden Europea de Detención y Entrega... Creo que sigue sin comprenderlo.

Llarena una vez más demostraba no estar a la altura jurídica del desafío que él mismo había generado y carecer de los más básicos conocimientos sobre órdenes europeas de detención; luego todo serían lamentos, excusas de mal pagador y reproches a los belgas que, como digo, siempre actuaron con total lealtad hacia España, cosa que nunca ha sido correspondida ni por la Audiencia Nacional, primero, ni por el Tribunal Supremo, después.

Estuve dos días en Madrid y volví a Bruselas; eran muchos los detalles que teníamos que revisar y, sobre todo, tomar decisiones muy claras respecto a cómo jugaríamos la carta del que ya, coloquialmente, entre nosotros llamábamos Bob-Dogi. El más entusiasta era Toni, que veía muy claramente lo que ello representaba en términos políticos, y no paraba de hacer preguntas para tener todos los extremos claros.

Por la mañana continuamos con las reuniones en Bruselas y una vez terminé me fui al aeropuerto y regresé a Madrid en el último vuelo de la tarde. Siempre corriendo y llegando justo al embarque pero consiguiéndolo al final, que es lo importante.

Tuve un juicio de dos días en la Audiencia Provincial, puse al día otros temas, viajé a Málaga por el día, estuve en diversas reuniones en Madrid, atendí a un número elevado de periodistas y volví al aeropuerto, esta vez para viajar a Berlín donde teníamos trabajo que realizar con Schomburg padre e hijo. Tomé el vuelo a las 6.10 de la mañana y, por el habitual retraso en los vuelos hacia y desde Frankfurt, alcancé por los pelos la conexión a Berlín.

Nada más aterrizar tomé un taxi al despacho de Schomburg, bastante céntrico y bien ubicado respecto del aeropuerto. De camino coordiné con Wolfgang Kaleck para vernos esa noche y aproveché para reservar hotel cerca de las oficinas del European Center for Constitutional and Human Rights; así no tendría que recorrer medio Berlín para dormir unas pocas horas.

Nada más llegar me estaban esperando Wolfgang y Sören Schomburg, así como algunos compañeros de su despacho con los que, en primer lugar, revisamos la situación. El procedimiento, finalmente, había llegado al Tribunal Superior de Schleswig-Holstein y eso era bueno para nuestras expectativas, porque teníamos que intentar ya solicitar la libertad del president Puigdemont: la situación anímica en Catalunya era tremenda y necesitábamos revertirla lo antes posible.

Acordamos hacer una presentación solicitando la libertad y, al cabo de una hora de revisar temas, nos pusimos manos a la obra. Comenzamos por un análisis del auto de procesamiento dictado por Llarena y fue entonces cuando descubrimos que la traducción remitida desde España omitía frases fundamentales del auto, específicamente aquellas que reflejaban una falta absoluta de imparcialidad por parte del juez instructor.

Ante tal despropósito Wolfgang Schomburg pidió, inmediatamente, una traducción jurada del auto para aportarla al Tribunal junto con nuestro escrito de libertad. No había tiempo que perder y era necesario abordar también detalles no menores como ese, a pesar de que, como se verá luego, el Tribunal de Schleswig-Holstein no quiso entrar en el tema de falta de garantías; no le hacía falta desde el momento en que, como determinó en todo momento, lo que no existía era la doble incriminación, es decir, los hechos descritos por Llarena en su auto de procesamiento no eran constitutivos de ningún tipo de delito en Alemania.

Ese fue el comienzo de la desconfianza alemana hacia el juez Llarena, pues era más que sospechoso que se omitiesen frases importantes del auto, justamente aquellas que afectaban a derechos fundamentales que podíamos, e íbamos, a hacer valer en Alemania, Bélgica, Escocia y Suiza. Era un hecho muy grave, tanto que cuando fue puesto de manifiesto el propio Llarena procedió a remitir una nueva traducción argumentando que en la anterior hubo errores... que no sabemos cómo pudo detectarlos él, en la traducción al alemán, pero que nosotros habíamos puesto ya de manifiesto.

Trabajamos cerca de siete horas en el escrito de libertad; fue un trabajo a ocho manos basado en la confianza mutua y el respeto profesional que ha sido uno de los ejercicios jurídicos más interesantes que he vivido en estos meses: cuatro abogados, reunidos en torno a una gran mesa, trabajando sobre distintos aspectos de un mismo tema para generar un documento único cuyo fin era conseguir la libertad del president Puigdemont. La versión final la revisamos entre todos y, cuando estuvimos de acuerdo en que era la versión buena, acordamos enviarla al Juzgado.

En esas siete horas no nos despegamos de la mesa de reuniones a excepción de reiteradas visitas a la cafetera para recargar las pilas; yo había dormido menos de cuatro horas y descubrí que Wolfgang Schomburg tenía costumbres similares.

Estaba contento, sabía que habíamos hecho un gran trabajo y en un tiempo récord. Sabía que un escrito así causaría un impacto importante en el Tribunal y que el margen de interpretación a la hora de aplicar al Derecho y de mantener una medida de prisión provisional era bastante estrecho, pues, como suele pasar en los sistemas democráticos, las resoluciones judiciales son previsibles. La gran diferencia entre España y el resto de países europeos en materia judicial radica, justamente, en eso: allí existe previsibilidad como factor fundamental de lo que ha de entenderse por seguridad jurídica, mientras que en España el margen de interpretación es excesivamente flexible. Más aún cuando se trata de Tribunales como la Audiencia Nacional o el Tribunal Supremo, pues ambos han superado la fase de la interpretación de las normas y se han adentrado, peligrosamente, en la reescritura de las mismas. ¿O qué son, por ejemplo, algunos de los acuerdos del Pleno no Jurisdiccional del Supremo?

Sobre las 20.00 horas me despedí de los Schomburg y de Amadeus Peters y me fui al hotel a dejar mi bolso. Una vez terminé los trámites salí al encuentro de Wolfgang Kaleck, con quien nos juntamos en un bar en el que solemos ver el fútbol cuando me pilla algún partido interesante en Berlín. No soy muy aficionado pero Wolfgang sí, y nada nos impide hablar mientras él mira la pantalla. Nos bebimos un par de cervezas, las típicas de Alemania de medio litro, y le fui comentando los diversos aspectos del caso, la situación en esos momentos y cómo habíamos abordado la petición de libertad; él me hizo unas cuantas y muy certeras preguntas y luego me dijo: «Ya sabes cómo va a ir esto, no somos infalibles pero saldrá bien».

Una de las cosas que me gusta de Wolfgang es que nunca impone criterios sino que fuerza a su interlocutor a pensar, a razonar y a defender una postura; de ese tipo de diálogos, siempre se sacan cosas muy positivas.

Llevaba todo el día sin comer nada y sobre las 22.30 decidimos irnos a cenar; ambos somos de buen comer pero a esas horas no es sencillo encontrar un sitio en Berlín donde comer sentados, bien y abundantemente.

Wolfgang conoce el barrio de Kreuzberg como la palma de su mano, así que tras pasar por dos sitios que ya tenían la cocina cerrada me dijo: «Vamos al italiano de la esquina de mi casa». Así lo hicimos y, efectivamente, no solo estaba abierto sino que nos pusieron unas buenas ensaladas con una carne a la plancha de la que dimos cumplida cuenta, todo ello acompañado de un buen vino italiano.

Sobre las 00.30 de la noche nos despedimos y decidí caminar hasta el hotel porque llevaba todo el día sentado; era una noche muy agradable y quería bajar las revoluciones y la cena antes de intentar dormir unas pocas horas, pues a las 06.00 tenía que estar en el aeropuerto.

De camino al hotel tuve la ocurrencia, que no fue más que eso, de hacer un último tuit, más bien ya el primero de ese día 5 de abril, en el que puse: «Hoy será un buen día... y ahí lo dejo». Y sin más, me tumbé a dormir unas pocas horas con la alarma puesta para las 04.45; solo tenía algo más de tres horas para dormir.

Me levanté a duras penas, estaba muy cansado y tenía que ponerme en marcha de manera acelerada. Me duché, afeité, hice el *check-out* del hotel, pedí un taxi y me fui al aeropuerto. Nada más llegar saqué la tarjeta de embarque y me fui a tomar mi dosis habitual de café aprovechando para revisar la prensa que, a esas horas, era prácticamente la del día anterior.

A las 06.45 despegué rumbo a Barcelona vía Frankfurt, pues tenía prevista una reunión de coordinación con diversas personas cercanas al president Puigdemont a quienes tenía que informar detalladamente de la situación en Alemania.

Durante el tránsito en Frankfurt llamé a Isabel, quien me soltó, a bocajarro y sin anestesia: «La que has liado»... No entendía a qué se refería y me dijo que mirase Twitter o las noticias. Le pedí que fuese más específica porque iba corriendo de una puerta a otra de uno de los aeropuertos más grandes y congestionados del mundo y no tenía tiempo para ponerme a buscar. Isabel me explicó que yo había puesto un tuit que había dado a entender que se producirían importantes noticias sobre la situación del president Puigdemont, y le contesté que era imposible porque entre que me había levantado y tomado el vuelo no había ni conectado el teléfono, pero ella insistió. Revisé mi *timeline* de Twitter y, como yo preveía, no había nada después del tuit «Hoy será un buen día... y ahí lo dejo», así que le insistí: «Pero si no he dicho nada...». En esos momentos no era consciente del seguimiento que los medios hacían a todo lo que decíamos incluso en redes sociales.

Fui revisando las interacciones que tenía ese tuit y entonces comprendí lo que me decía Isabel. La volví a llamar diciéndole que me habían malinterpretado o estaban exagerando. Le expliqué lo que habíamos hecho con los Schomburg y las expectativas que teníamos, pero no que eso fuese a suceder ese mismo día. El escrito era bueno, completo y claro, pero nada me indicaba que fuese a tener una respuesta excesivamente rápida; estaba contento por el trabajo hecho y pensaba que eso hacía que aquel fuese un gran día. Además, para esa jornada teníamos señalada la vista inicial en Bélgica, comparecencia ante la policía y ante el juez de Garantías y todo ello, como ya sabíamos, saldría bien y nos ayudaría a levantar la moral de la gente en Catalunya. Apagué el teléfono y volví a despegar, esta vez de camino a Barcelona.

Nada más aterrizar comprobé una vez más que iba con el tiempo pegado a los talones y que llegaba tarde a la reunión. Cogí el primer taxi que pude y le dije que iba al Parlament. El taxista me preguntó por dónde quería que fuésemos y le contesté: «Por donde sea más rápido, porque tengo que llegar en quince minutos». Su respuesta fue clara: «Eso no será posible». Al final, y como iba a ser un buen día, llegamos en veinte minutos. Al llegar al Parlament, cuyo recinto no conocía, me acerqué a unos mossos para preguntarles por dónde podía entrar y ellos, sin dudarlo, me dijeron: «Señor Boye, nosotros le acompañaremos». Eso de que unos policías me llamen por mi apellido y se ofrezcan a acompañarme es algo que desde enero de 1992, fecha en que fui detenido, llevo bastante mal, pero esta vez era de muy buen rollo, así es que los seguí y nos fuimos conversando sobre la situación en Alemania, que era lo que realmente les preocupaba.

Pasado el control de seguridad subí a la primera planta donde me estaban esperando, entre otras personas, Jaume Alonso Cuevillas, con quien ya estaba desarrollando una buena relación profesional que luego desembocó en una sincera amistad, y algunas más que no conocía. Saludé a todo el mundo y, como norma esencial en una situación como esta, antes de comenzar la reunión retiramos todos los teléfonos y nos acomodamos en torno a una mesa ovalada en la que como única decoración había un gran número de botellas de agua.

Intenté ser lo más didáctico posible respecto a las particularidades del sistema procesal alemán, especialmente respecto al procedimiento a seguir en caso de una OEDE. Les expliqué lo que habíamos hecho, entregué una copia electrónica del trabajo y repasamos algunos elementos que eran los que a mí me daban mayor confianza.

Seguramente, lo intuyo porque nunca lo he preguntado, en esos momentos me miraron pensando que era un ingenuo porque es muy difícil, después de lo que estamos acostumbrados en España, pensar que un alto tribunal fuese a resolver sin depender de criterios, intereses o directivas políticas, pero mi confianza en el sistema judicial europeo no era ciega, sino que se sustentaba en el conocimiento de cómo funciona y de lo impermeables que son a las presiones o injerencias políticas.

También aproveché para explicarles algo que terminaría siendo esencial: las diversas particularidades de la Ley de Cooperación Judicial en Materia Penal de Alemania; de haberlas conocido, Llarena jamás se hubiese alegrado de que al president Puigdemont lo hubiesen detenido en ese país.

Terminada esa reunión me trasladé a otro despacho para revisar con un compañero la situación que se podía generar en cuanto a la extradición de Marta Rovira en Suiza. Expuse mi visión del tema, la poca viabilidad que le veía a dicha reclamación y, también, la más que probable actitud de las autoridades suizas, que esperarían, como así hicieron, a que se resolviese primero el procedimiento en Alemania.

Nada más terminar esa reunión volví sobre mis pasos para recoger a Josep Costa y bajar a tomar algo en la cafetería del Parlament. Creo que llegamos tarde porque no había ya nada para comer, al menos nada que yo coma y, por tanto, me limité a otra de mis debilidades: el agua mineral con gas.

Como siempre, cuando me quise dar cuenta ya estaba con el tiempo justo para irme al aeropuerto y continuar mi viaje a Madrid; necesitaba llegar esa noche porque al día siguiente tenía una vista de apelación a la que debía asistir. Salí corriendo y a los pocos metros de abandonar el recinto del Parlament conseguí un taxi que me llevó hasta El Prat. Justo cuando estaba llegando a la terminal me sonó el teléfono, era Sören Schomburg. «Gonzalo, buenas noticias. Han acordado la libertad bajo fianza pero necesitamos 75.000 euros ya.» La deformación profesional me llevó a preguntarle sobre el contenido de la resolución y me dijo: «Ya te la han notificado en tu mail también, pero, básicamente, no ven la rebelión, creen que malversación es delito del catálogo y no ven riesgo de fuga. ¿Podemos pagar la fianza sí o no?». Sin ni pensarlo le dije: «Claro, no te preocupes que en unas horas está pagada, dame los datos de la cuenta bancaria del Tribunal». La mía fue la típica reacción que, cuando te la piensas, te das cuenta de que igual resultó precipitada, pero no podía imaginarme que no pudiésemos conseguir esa cantidad para sacar al president Puigdemont de prisión... El dinero aparecería.

Sören y yo acordamos que él hablaría con Jami mientras yo llamaba a la gente en Barcelona, y que en cuanto tuviese los datos bancarios me los pasaría. Nada más colgar llamé a Elsa Artadi y le solté: «¿Tenemos manera de conseguir 75.000 euros? Si es así el president Puigdemont saldrá mañana en libertad bajo fianza». Elsa dio un grito, estoy seguro que de alivio y alegría, y me dijo: «No te preocupes que los conseguiremos». Inmediatamente le pedí que hablase con Marcela, la esposa del president, cuyo teléfono yo no tenía, y colgamos para comenzar a informar al resto de personas del entorno.

Llamé a Toni, luego a Meritxell y a Costa, a Christophe, a Clara y a Lluís. Fui lo suficientemente claro pero a la vez, escueto, porque tenía poco tiempo y mucha gente a la que avisar. Llamé a Isabel pero no me contestó, no sabía que estaba reunida con Txell Bonet, la pareja de Jordi Cuixart; seguramente fueron las dos últimas personas en enterarse de la noticia.

De camino a la puerta de embarque me paré un momento para hacer un tuit que me pareció oportuno: «Hoy ya es un gran día... y ahí lo dejo». Seguí caminando mientras iba leyendo en el móvil la resolución alemana, lectura que fue interrumpida una y otra vez por llamadas telefónicas de diversos periodistas a los que poco les podía aportar más que la confirmación de la existencia de la resolución y la imposición de la fianza; no era secretismo, sino que hasta ese momento no había conseguido terminar de leer el documento.

Antes de despegar hice una ronda de llamadas para informar de que estaría una hora en vuelo y no estaría localizable, pero como intuía que existían muchas dudas quise despejarlas antes de desconectar; intenté hablar con Isabel pero seguía reunida. En lo que tarda el vuelo a Madrid terminé de leer la resolución y comprendí que iba mucho más allá de la libertad provisional: estaba sentando las bases de lo que sería, meses después, el resultado final del proceso en Alemania.

Faltaba aún media hora para aterrizar y la sobredosis de adrenalina me impedía dormir, así que escribí un artículo para ver si se publicaba a la mañana siguiente en el que trataba de explicar las claves de la resolución. Quería salir al encuentro de lo que sería el relato que comenzarían a instalar desde el Supremo en las siguientes horas.

Nada más aterrizar conecté el teléfono y, mientras enviaba el artículo a Contrapoder, recibí un número importante de mensajes que era imposible contestar. Comprobé las llamadas perdidas y comencé a devolverlas por orden de prioridad mientras caminaba lo más rápido posible hacia la salida de la T4. Quería llegar a casa y contarle todo lo sucedido a Isabel, que me había llamado ya varias veces mientras estaba en vuelo.

Esa noche me costó mucho dormir, principalmente porque seguía con el subidón que me había provocado la resolución alemana, pero también porque a partir de su lectura sabía lo mucho que tendríamos que trabajar y el escaso tiempo con el que contaríamos. Mentalmente revisaba la agenda y entre señalamientos de juicios, declaraciones, cosas pendientes, viajes a Bruselas, a Berlín, a Escocia y a Suiza iban a ser semanas muy movidas.

Por la mañana, sobre las 6 que fue cuando me levanté, revisé la prensa y era increíble la rapidez con la cual se estaba instalando un relato: que Alemania se había excedido y que el juez Llarena se estaba planteando acudir al Tribunal de Justicia de la Unión Europea y presentar una cuestión prejudicial para poner en duda lo resuelto en Alemania. Sinceramente, yo no era capaz de comprender cómo se le daba pábulo a un dislate de esas características… Con el tiempo he comprendido que da lo mismo cuán disparatada sea la idea: si viene del Supremo se asume como si fuese una verdad revelada.

Este nuevo relato del Supremo se repetiría a lo largo de los siguientes meses, pero adolecía de un problema grave: no tenía ninguna base jurídica y solo podía habérsele ocurrido a alguien muy desesperado y con escasos o nulos conocimientos del Derecho de la Unión y los mecanismos que existen dentro de dicho complejo cuerpo legal. Sobre las 8.30 Isabel y yo nos fuimos al despacho, sería un día largo.

Pocos días después volví a Berlín, esta vez para los actos de celebración de los primeros diez años del European Center for Constitutional and Human Rights (ECCHR) que dirige Wolfgang Kaleck; acudimos Isabel y yo con Rocío, compañera del despacho que había participado años antes en el programa de formación que con tanto éxito desarrollan los compañeros de ECCHR.

Las celebraciones en el ECCHR tienen una interesante mezcla de trabajo, creación de redes y diversión, y la del décimo fue excepcional. Allí nos reunimos muchos amigos de diversos países y uno de los temas de los que más se habló fue el caso de Catalunya, que llamaba mucho la atención y generaba importantes preguntas tanto técnicas como políticas.

Si bien la visión de todos allí era bastante uniforme en cuanto a que estábamos hablando de derechos civiles y políticos, un compañero planteaba que se trataba de la defensa de unos «supremacistas» y que eso era inadmisible; venía muy influenciado por sus relaciones personales y afectivas con personas que así opinaban dentro de España, pero cuando entrábamos en los detalles no le quedaba más remedio que admitir que existía esa vulneración de derechos y libertades y que los derechos humanos no son patrimonio de la izquierda sino de todas las personas.

Nos quedamos en Berlín tres días y regresamos a Madrid el sábado para, en la mañana del lunes, salir nuevamente de viaje hacia Moscú, donde teníamos prevista una reunión del equipo jurídico de Edward Snowden a la que asistiríamos varios de los que ya nos habíamos visto en Berlín.

Nada más aterrizar en Moscú me dirigí al hotel donde siempre me hospedo y donde ya me esperaban Ben Wizner, Wolfgang Kaleck, Philippe Boudon, Marcel Bosonnet y el propio Edward. La reunión la celebramos en una de las habitaciones que habíamos reservado y se centró tanto en la actualización de la situación que afecta a Edward como en algunos posibles escenarios que teníamos que proponerle y evaluar con él.

Snowden es una persona muy sencilla en el trato, en las formas y en el fondo, pero con una capacidad analítica y una experiencia vital impropia para alguien de su edad.

Estuvimos varias horas ahí reunidos, de lo que dio buena cuenta las tazas de café que se acumularon por todos lados y el número de botellas de agua con gas que consumimos; cuando entendimos que se habían revisado todos los temas salimos a cenar a un agradable restaurante de comida rusa que quedaba relativamente cerca del hotel. De camino nos juntamos con Lindsey, la pareja de Edward. Fue una cena muy entretenida en la que hablamos de todo menos de trabajo y finalizamos con una serie de fotos del equipo jurídico con Edward y Lindsey; al finalizar ambos se retiraron y los abogados caminamos de regreso al hotel parando antes a degustar algunos vodkas locales en una terraza que seguramente hacía meses que no se usaba; eran los primeros días de calor en lo que iba de año, según nos indicaba Edward.

Al día siguiente, Marcel, Philippe y Ben salieron de regreso a sus respectivos países, pero Wolfgang y yo nos quedamos una noche a causa de las conexiones de vuelos tanto a Berlín como a Madrid y a que teníamos que resolver aún un par de cosas.

Por la mañana, bastante temprano, Wolfgang y yo dimos cuenta de un suculento desayuno, hicimos las gestiones que teníamos previstas y nos encontramos con la agradable sorpresa de que teníamos todo el resto del día libre por delante y podíamos usarlo de la forma que mejor nos pareciese. Revisamos el mapa de la ciudad, vimos lo que teníamos relativamente cerca, descartamos aquellos sitios que ya conocíamos de anteriores ocasiones y decidimos ir caminando hasta el Parque Gorki y visitar allí dos exposiciones que nos hacían ilusión. Salimos del hotel, cruzamos hasta el Kremlin y desde allí, bordeando el río Moscova, nos dirigimos hasta la entrada al parque.

Habíamos caminado a buen ritmo, lo que nos venía muy bien para bajar el desayuno, y una vez entramos al parque buscamos la manera de llegar a las dos exposiciones que nos interesaban. Allí pasamos cerca de cuatro horas viendo muchas obras que ninguno de los dos conocíamos pero que nos habían llamado mucho la atención.

Al salir del parque nos fuimos caminando hasta la catedral del Cristo Salvador y de ahí comenzamos nuestra ruta de regreso al hotel; más o menos caminamos unos doce kilómetros, lo que fue una perfecta excusa para luego dar cuenta de otra suculenta cena y acostarnos relativamente temprano. Ambos teníamos vuelos por la mañana, el mío casi de madrugada y el de Wolfgang sobre las 10, pero los aeropuertos de Moscú quedan muy lejos de la ciudad y eso lleva bastante tiempo.

A Moscú no regresaría hasta un par de meses después con ocasión del Congreso de la FIFA en representación de la Federación Palestina de Fútbol; sería un viaje distinto y vería, como no podía ser de otra forma, una realidad muy diferente a la experimentada con los compañeros que llevamos la defensa de Snowden a nivel internacional. El viaje me sirvió para conversar con Wolfgang, caminar mucho y bajar las revoluciones internas, que venían muy elevadas a causa de la tensión vivida a partir del 22 de marzo, cuando Llarena notificó su auto de procesamiento, y especialmente desde el 23, cuando cursó las nuevas OEDE.

6

Bruselas con Bob-Dogi

Conseguida la libertad del president Puigdemont, el siguiente desafío estaba fijado para el 16 de mayo, en que se celebraría la vista oral de extradición en Bruselas; teníamos hasta esa fecha para perfilar el resto de la estrategia, reforzar nuestro planteamiento sobre la aplicabilidad de la doctrina Bob-Dogi y ver si realizábamos algún otro planteamiento adicional. Christophe era de la idea de que igual podíamos solicitar al juez un planteamiento prejudicial a Luxemburgo, al Tribunal Europeo de Justicia de la Unión Europea; por mi parte me parecía que eso podía dilatar demasiado el procedimiento y teniendo pendiente lo de Alemania y Escocia necesitábamos asegurar un buen resultado en Bélgica.

Tuvimos varias conversaciones en que analizamos todo el conjunto y valoramos la necesidad de conseguir una decisión en Bélgica a la mayor brevedad posible para apoyar los procesos que irían más lentos, concretamente Escocia y Alemania, pues en Suiza aún no se había producido ningún movimiento. Al final decidimos intentar «hacer un Bob-Dogi», y para eso resultaba necesario acumular datos, antecedentes, jurisprudencia y, sobre todo, sólidos argumentos jurídicos sobre el carácter del auto de procesamiento en el derecho español y cómo esa resolución no podía servir de base para una OEDE válida.

A Christophe y a Paul les tocó encargarse de las conversaciones con la Fiscalía, a mí la parte sobre la legislación española y a Emmanuelle, Sophie, Crepinne, Michell y Christophe Duprezz la del derecho belga y la interpretación que del derecho de la Unión tenían que hacer los tribunales belgas y habían hecho en casos similares… si es que hay algún caso que pueda considerarse similar a este.

Teníamos, igualmente, que tomar otra decisión: ¿preparábamos los alegatos de fondo o solamente nos centrábamos en Bob-Dogi? El riesgo era importante. Al final acordamos que en la audiencia preliminar lo discutiríamos con el fiscal y en función de lo que él fuese a proponer actuaríamos, porque si solo iba a pedir la inadmisión de la OEDE por venir mal formulada ningún sentido tenía que desarrollásemos una estrategia de defensa completa. A los pocos días, y sin tener que esperar a esa audiencia preliminar, el fiscal nos informó de que, a la vista de la respuesta dada por el juez Llarena, solo se iba a centrar en el rechazo de la OEDE por venir mal formulada. Eso no solo era bueno sino que, desde mi perspectiva, nos evitaba, en esos momentos, mucho trabajo. El fiscal belga no daba crédito a la respuesta de Llarena porque, para todos, quedaba claro que, una vez leída con detenimiento, reflejaba una inusual agresividad, unas elevadas dosis de ignorancia y un carácter chulesco que conjugaba mal con la actitud que ha de tener quien pide la cooperación a otro Estado… En resumidas cuentas, era Llarena en estado puro, como luego comprobamos en otros escritos remitidos tanto a Bélgica como a Alemania.

Aclarada la estructura que tendría la vista en Bélgica me fui a Berlín, donde se había instalado el president Puigdemont desde su puesta en libertad. El objetivo del viaje era múltiple: ver al president y revisar con él distintos aspectos de su defensa, así como de la situación procesal en España, Bélgica y Escocia; reunirme con los Schomburg para ir avanzando lo más posible en los distintos puntos que habíamos definido como fundamentales de cara a la defensa del fondo del asunto en Alemania; ver la posibilidad de plantear un Bob-Dogi allí también y, como es mi costumbre, reunirme con Wolfgang Kaleck para comentárselo todo y recabar su opinión.

Berlín es una ciudad que me gusta mucho y en la que podría vivir sin ningún problema. Lo malo es cuando hace mucho calor, porque no está preparada para las altas temperaturas y se vuelve desagradable. El calor me golpeó desde que me bajé del avión y así sería durante los dos días que estuve allí.

El president Puigdemont estaba muy bien, firme, convencido de lo que estábamos haciendo. Lo único que realmente le preocupaba era el tiempo que podía llevar solucionarlo todo en Alemania para regresar a Bélgica.

Su agenda era compleja tanto por la gente que venía de Catalunya como por los compromisos que fueron surgiéndole en la propia Alemania; sin embargo, como su defensa, la de los consellers en el exilio y la de los que están en prisión en España ha sido siempre su prioridad, no hubo problema alguno para coordinar nuestra reunión y otra con los Schomburg. Esa sería la tónica a lo largo de los meses que pasó en Alemania.

Nos preguntaba sobre todo por los plazos, justo aquello que no podíamos prever, porque, si bien en la Directiva Comunitaria y la Ley Alemana de Cooperación Penal existe un plazo de sesenta días prorrogables por otros treinta (y luego prorrogables de forma no delimitada), estábamos a expensas de la Fiscalía y de cuánto tiempo tardase en presentar su caso. Lo que sí teníamos claro era que necesitábamos trabajar diariamente para estar preparados, y como primer punto definimos, desde entonces, los temas que abordaríamos en nuestra respuesta, que se deducían de la resolución del 5 de abril; resolución que si el Tribunal Supremo, en lugar de atacar y menospreciar, la hubiese analizado con detalle habría descubierto que ahí estaban las claves de todo lo que pasaría después.

La resolución del Tribunal Superior de Schleswig-Holstein del 5 de abril de 2017 fue clave porque allí ya se traslucía su visión del tema, tal cual se perfilaba en la de la jueza de Garantías de Neumünster por la que adoptó la prisión provisional del president Puigdemont: no se daba la doble incriminación en cuanto a los delitos más graves y la malversación se entendía como delito del catálogo por lo que no podía valorar si los hechos eran o no constitutivos de delito en Alemania.

Cuando una conducta está incluida en el catálogo de delitos propios del procedimiento de Euroorden lo que se impide es el análisis de la doble incriminación y se recortan una serie de posibilidades de defensa propias de los demás delitos con una conceptuación muy parecida a la de las extradiciones.

A pesar de la intensidad, fue un viaje agradable porque no estábamos presionados por el tiempo; además, la última vez que nos habíamos visto con el president Puigdemont había sido en la sala de abogados de la prisión de Neumünster. La situación era muy distinta y nos permitió no solo hablar del caso, sino también de muchas cosas que nada tenían que ver con el trabajo y sí con nuestras respectivas vidas.

Por otra parte, trabajar con ambos Schomburg es un placer; a lo largo del tiempo se desarrolló no solo una confianza importante sino una sintonía o complicidad jurídica muy útil y agradable que lo hacía todo más sencillo.

Por la noche cené con Wolfgang Kaleck, su pareja Helena y el hijo de esta, Manuel. Fue una velada agradable, entretenida por las múltiples ocurrencias de Manuel y muy necesaria para aclararme algunas ideas en un contraste permanente con Wolfgang.

A estas alturas las conversaciones con Toni no solo eran diarias sino que cada vez eran más jurídicas; sus dudas no se podían despachar con un simple «ya te lo explicaré». Toni estaba imbuido del procedimiento, se leía los escritos y volvía a Christophe o a mí con preguntas más y más incisivas y técnicas que requerirían unas respuestas de igual nivel. El tema Bob-Dogi lo tenía muy interesado, se había leído todo lo que caía en sus manos y, para ese entonces, lo único que no sabía era quién era el que daba nombre a la doctrina Bob-Dogi.

Mientras todo esto sucedía, la Fiscalía del Tribunal Supremo no paraba de trabajar para intentar ganar la entrega en Alemania. Tal cual hizo en noviembre de 2017 con la Fiscalía belga, en esta ocasión propuso y organizó una reunión, también en La Haya, con la Fiscalía alemana encargada del caso; de esta reunión, así como de la anterior, tuvimos pleno conocimiento porque en la mayoría de los países europeos lo que prima es el principio de lealtad procesal, según el cual no cabe la desconfianza hacia los abogados, tan presente en la práctica forense española.

A estas alturas de finales de abril los viajes entre Madrid, Bruselas y Berlín se sucedían mezclados con viajes a Palestina y Yibuti, por lo que el cansancio se iba acumulando pero, como siempre ocurre en casos de esta envergadura, la adrenalina es más potente que el café y, sobre todo, que el cansancio; ya para el 5 de mayo teníamos totalmente terminada nuestra defensa en Bruselas y esperábamos ansiosos la vista señalada para el día 16.

La decisión, finalmente, fue ir a por un Bob-Dogi, término que pocos o nadie fuera del equipo jurídico y de los defendidos entendía; eso fue una ventaja y más teniendo presente que el polo mediático se había desplazado de Bruselas a Berlín, como no podía ser de otra forma. Estábamos tranquilos pero ansiosos, como los niños cuando esperan su cumpleaños. Sabíamos que habría recompensa a tanto trabajo pero queríamos obtenerla lo antes posible porque a medida que pasaba el tiempo se iba demostrando lo que siempre dijimos: en España no había nada que hacer y los triunfos en el extranjero servían no solo para debilitar la instrucción, sino, también, para insuflar ánimos a los presos y a toda la gente que en Catalunya apoya el trabajo que se está haciendo.

Antes de irme a Bruselas para la vista extradicional viajé nuevamente a Berlín para informar al president Puigdemont de los últimos detalles, de cómo abordaríamos la cuestión y de qué decisión estratégica habíamos tomado. También me reuní con los Schomburg para explicarles y ver qué recorrido podíamos tener en Alemania con un casi seguro resultado favorable en Bélgica. Obviamente, en esos momentos lo del resultado era especulativo pero calculado con bastante solidez, porque, como he insistido muchas veces, en democracia las resoluciones judiciales son previsibles y aquí no iba a ser de otra forma.

Volví a Madrid para un juicio y para visitar a una serie de defendidos en prisión, pues siempre he creído que los abogados penalistas tenemos la obligación de visitar de forma regular a nuestros defendidos en prisión, y si son preventivos tanto más; al menos es lo que a mí me habría gustado tener cuando estuve años encerrado, por tanto suelo hacerlo incluso a costa de muchos fines de semana.

El 15 de mayo, una vez más, cogí el primer vuelo de la mañana a Bruselas y nada más llegar me reuní con Christophe y el resto del equipo jurídico; fue una reunión rápida, muy ejecutiva porque lo teníamos todo listo y claro; por tanto, era el momento en que los abogados que iban a participar en la vista se tomasen su tiempo, se relajasen, revisasen sus notas y poco más.

Después de la reunión con los abogados había quedado con Meritxell, Lluís y Toni para revisarlo todo; ellos también tenían que descansar y prepararse para la vista; no era que tuviesen un gran papel en ella, solo las preguntas de rigor sobre si aceptaban o no la entrega y, después, en el derecho a la última palabra. El tema no era la participación en la vista sino la tranquilidad con la que debían abordarla personas que se estaban jugando no solo su libertad sino también, con bastante seguridad, la de sus compañeros presos en España, y las ilusiones y el proyecto político de más de dos millones de catalanes. Los tres estaban tranquilos, tenían pocas dudas y, al final, la conversación derivó en detalles de mi reunión última con el president Puigdemont y un análisis del estado del procedimiento en España, así como los últimos movimientos del juez Llarena y, especialmente, el último escrito que había remitido a Bélgica y cómo terminaría siendo su perdición.

Cené en Lovaina con Toni y Sergi muy cerca de la casa de ambos y acompañados de una amiga común; como había vista, nada más terminar me fui al hotel. De camino a Bruselas llamé a Isabel para comentarle todo lo sucedido en ese día y cómo lo teníamos todo para la vista; por su parte, ella me puso al día de las novedades en el despacho y acordamos una serie de cosas de las que había que preocuparse al día siguiente, durante el cual yo estaría bastante ocupado y desconectado.

A la mañana siguiente salí pronto del hotel, había huelga de trenes en Bélgica y mucha gente se vería obligada a ir a trabajar en coche particular o en taxi y no quería llegar tarde. Mi máxima preocupación, como no podía ser de otra forma, era Toni... Nunca llega a la hora pero siempre llega, la pregunta era si esta vez iba a funcionar con huelga de trenes de por medio y tráfico en las carreteras.

Nada más llegar al Palacio de Justicia me dirigí a la Sala de Togas; al rato llegaron Jaume Cuevillas y Paul Bekaert y su compañera Valerie. Montamos mesa y esperamos la llegada de Christophe, Sofie, Emmanuelle, Crepinne y, claro está, Michell. Todos llegaron en hora pero no teníamos noticias de Toni.

La vista se celebraba en una sala dentro del edificio principal del Palacio de Justicia, por lo que no teníamos que cruzar la calle como hicimos en diciembre; a los pocos minutos llegó Meritxell y segundos después Lluís, luciendo una nueva corbata completamente amarilla. De Toni seguía sin haber ni rastro, así que decidimos irnos a la sala y esperarlo allí. Finalmente llegó, pues Toni tarda pero siempre llega. Igualmente nos tocó esperar cerca de veinte minutos hasta que llegó el fiscal y, minutos después, el juez acompañado del juez de Garantías. Ya estábamos todos, así que la vista podía comenzar.

La sala, bastante más pequeña que la de diciembre, tenía la misma configuración. En los estrados de la izquierda, y en primera fila, se colocaron nuestros defendidos, los intérpretes y Jaume Alonso Cuevillas; en la segunda fila Paul Bekeart, su compañera Valerie y su hijo Simon, que había llegado minutos antes. En el estrado de la derecha nos instalamos Sophie, Christophe y yo y en la siguiente fila Crepinne, Michell y Emmanuelle. Enfrente teníamos de derecha a izquierda a la secretaria judicial, al juez, al juez de Garantías y al fiscal.

Sin más que una breve introducción, el juez dio la palabra al fiscal, que realizó una intervención de aproximadamente veinte minutos en la que expuso sus argumentos para inadmitir a trámite la reclamación de la OEDE cursada por el juez Llarena; detalló todos los intentos realizados para conseguir que desde España le enviasen una orden de detención nacional válida en la que se sustentase la OEDE, así como las explicaciones que había dado a Llarena sobre la necesidad de cumplir con ese requisito. Terminó diciendo que en esas condiciones él no podía apoyar una entrega, ni tan siquiera la consideración de la OEDE como una orden válida conforme al ordenamiento belga y europeo. La postura del fiscal era firme; lo más significativo, por razones que meses después comprenderíamos, era su molestia por la actitud de España, que a pesar de sus esfuerzos no reaccionaba para darle lo que estaba pidiendo: un sustento legal claro para esa OEDE.

Luego intervino Paul apoyando los argumentos del fiscal y llamando la atención del juez sobre lo evidente: le estaban trasladando a él, a un juez belga, suplir las deficiencias de la reclamación española. Llarena esperaba, por algún motivo desconocido para todos, que el juez belga supliese sus deficiencias técnicas y sus errores, pero eso era pedir demasiado.

Después de Paul intervino Christophe para dar un baño doctrinal sobre la aplicabilidad de la doctrina Bob-Dogi al caso que nos ocupaba, y aportando una serie de datos jurisprudenciales adicionales que hacían inviable la toma en consideración de la OEDE.

Después de estas intervenciones Paul volvió a hacer uso de la palabra y pidió al juez que, por favor, tomase una decisión en el acto —*in voce*— para evitar lo que pasó en diciembre, cuando Llarena, movido por el pánico, retiró la OEDE sin haberle dejado a él, el mismo juez, pronunciarse sobre el tema.

Fue entonces cuando se produjo un silencio que me pareció eterno. El juez levantó la cabeza y preguntó: «¿Son las partes conscientes de que aun cuando ambas hayan solicitado la inadmisión de la demanda yo puedo resolver sobre el fondo y ninguna de las partes ha hecho alegación alguna al respecto? Puedo decidir sobre el fondo o sobre la admisibilidad».

Todos guardamos silencio y el juez recorrió la sala con su mirada. Me di cuenta de que todos me miraban y fue entonces cuando dije: «Confiamos plenamente en que su decisión será ajustada a derecho, preferimos que resuelva hoy señoría».

El juez nos miró a todos nuevamente y dijo: «Pues eso haré». Se puso a redactar unas notas para, pasados unos diez minutos que se nos hicieron eternos, y no sin antes dar muchas vueltas, decir lo que estábamos esperando: «Esta OEDE no cumple con los requisitos de admisibilidad para ser tramitada, por lo que será rechazada y devuelta al Tribunal español, posteriormente documentaré mi decisión».

La alegría era inmensa pero todos éramos conscientes de dónde estábamos y, por tanto, no hicimos ningún gesto en sentido alguno. Nos despedimos del fiscal, del juez de Garantías, del juez que acababa de darnos esa alegría y de la secretaria judicial. En la puerta de la sala de vistas dimos las gracias a los intérpretes y nos reunimos los abogados y los defendidos para establecer cómo y qué diríamos al salir, puesto que fuera había cientos de periodistas esperando.

En el camino entre la sala de vistas y las escalinatas donde nos esperaban los periodistas llamé al president Puigdemont para informarle. Su alegría fue inmensa porque era perfectamente consciente de la relevancia de lo conseguido; nada más colgar con él llamé a Isabel, que estaba eufórica: ella siempre es más ponderada a la hora de evaluar los resultados, especialmente los posibles resultados, pero en este caso el trabajo ya estaba hecho y habíamos ganado... Era una nueva derrota para Llarena y una consolidación de la estrategia jurídica desplegada en el exterior.

Al terminar de hablar con Isabel llamé a Clara para explicarle cómo había salido la vista y darle algunos detalles de la misma; aproveché para pedirle que informase a Aamer, Claire y al resto del equipo allá porque presumiblemente no podría llamarles hasta avanzada la tarde.

Justo antes de salir hacia la zona donde están ubicadas las impresionantes escalinatas centrales del Palacio de Justicia de Bruselas hice un tuit: «Hoy ya es un gran día... y ahí lo dejo». Era la forma más rápida de comunicar que habíamos ganado porque sabía que no era poca la gente que esperaba esa noticia.

Las escalinatas estaban saturadas pero, entre tanto micrófono, cámaras y periodistas, Christophe, Paul, Michell, Jaume, Sophie, Emmanuelle y Crepinne se abrieron paso seguidos por Lluís, Meritxell y Toni. Las sonrisas de todos bastaban para saber que el resultado era el esperado. Yo me quedé abajo para que fuesen los compañeros belgas los que se encargasen de dar la noticia, así como para hacer algunas llamadas que eran importantes, por ejemplo a los Schomburg acerca de todos los detalles de esa vista oral.

Cada vez que colgaba con alguien entraba una nueva llamada de diversos medios españoles, de periodistas, de amigos y de compañeros que desde España llamaban para felicitarnos. La noticia había corrido como la pólvora y era evidente que estábamos ante un nuevo varapalo a Llarena, a su estrategia y a quienes le apadrinaban en tan alocada aventura.

En un momento dado vi a Sergi con Laia, la hija de Sergi y Toni, así que crucé el vestíbulo del Palacio de Justicia y nos fundimos en un abrazo. La tensión que reflejaba la cara de Sergi la noche anterior, durante nuestra cena, era todo un poema, y ahora estaba abiertamente relajado y feliz, al igual que el cuñado de Sergi que había venido expresamente a acompañarles a esta vista. Laia, a pesar de su edad, es perfectamente consciente de lo que sucede, es una niña brillante y con una sensibilidad muy particular que le permite enterarse de todo. La levanté en brazos y le di un beso.

Casi al finalizar la rueda de prensa subí las escaleras y nos fundimos en un abrazo Christophe y yo, ambos éramos conscientes de lo que habíamos conseguido y también del mucho trabajo que había detrás de ese éxito; luego se me acercaron Meritxell, Lluís y Toni y los cuatro nos abrazamos. La alegría desbordaba y había motivos para ello.

Después de la rueda de prensa nos fuimos caminando a un parque cercano en cuyo interior hay un restaurante con una terraza muy agradable. Allí nos sentamos a beber unas cervezas que sin duda nos habíamos ganado. Estábamos todo el equipo jurídico más nuestros defendidos y algunos familiares y amigos de ellos. No tengo claro quién de todos los allí presentes tuiteó una foto que nos hicimos, pero sí sé que la misma fue portada de algunos medios en España a la mañana siguiente. Parecía molestarles que celebrásemos haber ganado.

Nuestra celebración era lógica, razonable y esperable, porque un equipo compacto, muy especializado y entregado había derrotado, por tercera vez, a todo un Tribunal Supremo, empeñado en una reclamación que no es sostenible más allá de los Pirineos. Los hechos, los malditos hechos no encuentran encaje en los ordenamientos jurídicos democráticos y eso es lo que siguen sin entender.

Comimos en el mismo sitio y luego algunos compañeros se fueron a sus respectivos despachos pero yo me quedé con Christophe revisando algunos temas, entre ellos la repercusión que esta resolución podría tener en las otras jurisdicciones. Aproveché para llamar a Aamer y volver a hablar con Schomburg para, de una parte, pasarles copia de la resolución, en flamenco aún, y, de otra, recabar sus impresiones y el recorrido que podía tener tanto en Escocia como en Alemania.

Mientras Christophe y yo seguíamos en el restaurante, Meritxell se retiró a un compromiso; además quería mandar a traducir ya la resolución al español, alemán, inglés y francés porque la necesitábamos en todos esos idiomas.

Esa noche, agotado, me retiré pronto porque a la mañana siguiente tenía que coger el vuelo de las 7.30 a Madrid. Antes de irme a dormir hablé nuevamente con el president Puigdemont, con Toni y, por supuesto, con Isabel. Con Wolfgang Kaleck solo habíamos podido comunicarnos por mensaje, pero ya habría tiempo de conversar de lo sucedido porque en un par de días me iría a Berlín nuevamente.

Aterricé puntual en Madrid y nada más coger mi coche comencé a hacer llamadas que tenía pendientes del día anterior; al llegar al despacho comenté, primero con Isabel y luego con el resto de compañeros, lo sucedido el día anterior en Bélgica y cómo eso repercutiría en los diversos países. Muchas veces, cuando comentamos estas cosas en el despacho, tengo la sensación de que los más jóvenes lo ven todo como una historia de ciencia ficción, pero no lo es: es una historia que estamos escribiendo entre todos y, por tanto, deben conocerla en detalle y comprenderla, ya que es un instrumento jurídico a disposición de cualquiera que esté interesado en estos temas.

Después de la reunión de despacho me puse a leer la prensa. Primero la española, comprobando que existía una virulenta reacción hacia Bélgica y, especialmente, hacia la justicia belga, como si la culpa de lo sucedido recayese en ellos y no en los únicos responsables: el juez Pablo Llarena y sus padrinos, que no solo cursaron mal la OEDE sino que, además, pudiendo rectificar, como le ofreció el fiscal belga, no lo hicieron por... prefiero decir que por orgullo. La prensa extranjera era bastante más ecuánime, informaba sin banderas y con bastante precisión sobre lo sucedido; obviamente esos medios entendían la dimensión de lo conseguido y lo calificaban de rotundo éxito, como era aunque en España no se quisiera asumir así. Busqué en algunos medios extranjeros especializados pero ninguno traía aún nada de consideración, ni mucho menos algún análisis jurídico al respecto; para ello tuve que esperar un par de semanas, pero cuando aparecieron iban en la misma línea que nuestra defensa con una ácida crítica al desempeño del Tribunal Supremo, enfocada, principalmente, en la actuación y responsabilidad del propio Llarena, que ya comenzaba a hacerse tristemente famoso en Europa por sus desatinos y por su extraña concepción de lo que es un espacio judicial común.

Esa noche tenía cena en Madrid con un grupo de empresarios amigos. Todos ellos, sin tener ningún tipo de afinidad con mis defendidos, eran muy conscientes de lo que había sucedido, de lo que habíamos logrado e, incluso, del ridículo que se estaba haciendo fuera de España por este tipo de actuaciones.

A la mañana siguiente la prensa española ya reflejaba el nuevo relato, más bien el *revival*, que surgía desde las entrañas del Supremo: el juez Llarena se estaba planteando, una vez más, remitir una cuestión prejudicial al Tribunal de Justicia de la Unión Europea, tal cual se había planteado después de la resolución del 5 de abril en Alemania. No solo era evidente que se trataba de un relato, sino que volvía a incurrir en el error del anterior: no cabía plantear una cuestión prejudicial respecto de algo que ya estaba resuelto y, además, resolvía un juez distinto. Era el absurdo por el absurdo, pero como lo decían en el Supremo iba calando en algunos medios, afortunadamente no en todos.

Con el tema en Bélgica resuelto, al menos por el momento, me quedaba centrarme en Escocia y Alemania… y eso ocuparía mis siguientes dos meses junto con todo el resto de trabajo que, afortunadamente, teníamos y tenemos en el despacho. En todo caso, el capítulo belga no estaba cerrado: habíamos defendido y, de la mano de Bob-Dogi, ahora teníamos que pasar al ataque.

Sí, habíamos hecho un Bob-Dogi pero, aún entonces, nadie sabía que tan compleja jugada jurídica debía su nombre a Niculaie Aurel Bob-Dogi, un camionero rumano que en 2013 tuvo un accidente en Hungría, causando serias lesiones a un motociclista húngaro, por lo que se solicitó su entrega en 2015. Esta finalmente no se materializó porque el Tribunal de Justicia de la Unión Europea, a petición de Rumanía, determinó que no podía entregársele mediante el sistema de OEDE porque no existía una orden nacional de detención válida por parte de las autoridades húngaras. Seguramente a Llarena nunca se le olvidará el nombre de ese orondo camionero rumano… y a nosotros tampoco.

7

Alemania: defensa a tumba abierta

En el ciclismo, deporte del que no sé mucho, cuando en alguna carrera importante tienen que bajar un puerto de montaña y los ciclistas se lanzan a la mayor velocidad posible, no faltan los comentaristas que hablan de bajar «a tumba abierta», en el sentido de que se va a por el triunfo o, eufemísticamente, la muerte; que cualquier error los puede llevar a la tumba por bajar a velocidades extremadamente altas en una ligera bicicleta. La defensa que teníamos que hacer en Alemania también era a tumba abierta: o ganábamos o perdíamos, no era la muerte pero sí la prisión del president Puigdemont por muchos años; y seguramente, con la suya la del resto de su gobierno y proyecto político.

No había margen para el error y eso produce vértigo; el problema es que cuando uno tiene la responsabilidad y, por qué no decirlo, la obligación de ganar, el vértigo no puede ser parte de la ecuación y así lo asumí. Isabel muchas veces me miraba, especialmente cuando estábamos desayunando, y me decía: «Te estás matando, me da miedo que un día te dé algo». Yo siempre le contesté de la misma forma: «No te preocupes que todo saldrá bien». No lo decía para tranquilizarla sino porque estaba, como sigo estándolo, convencido de que así será: todo saldrá bien porque tenemos la razón, sabemos exponerla y estamos en jurisdicciones donde las resoluciones judiciales son predecibles: se basan en interpretaciones democráticas del derecho, por lo que sorpresas habrá las justas.

De Alemania, y de lo que allí se resolviese, dependían muchas cosas: el juicio de extradición de Clara Ponsatí estaba señalado para comenzar el 30 de julio (por lo tanto la resolución alemana saldría antes y afectaría, de una u otra forma, a la de Clara y a la de Marta Rovira cuando los suizos activasen su procedimiento); las autoridades suizas estaban esperando a que se resolviese en Alemania para proceder en un sentido o en otro con la reclamación contra Marta y, además, una resolución positiva en Alemania tendría claros efectos en el procedimiento en España, si bien esos efectos no serían inmediatos pero sí definitivos cuando llegase el momento y si se hacían las cosas de manera correcta.

Como si todo eso no fuese poco, de la resolución alemana también dependía el futuro personal y político del president Puigdemont; nadie me lo dijo jamás, porque nunca me he sentido presionado ni por los defendidos ni por nadie, pero sabía perfectamente que yo era responsable de que todo eso saliese bien. Iba a tumba abierta porque a los abogados nos pasa como a los futbolistas: a nadie le interesa la trayectoria ni cuántos goles se marcan durante la temporada sino cómo se ha jugado en el último partido.

Los viajes a Berlín se sucedían con toda la frecuencia que la situación requería y mi rutina allí siempre era la misma: nada más llegar me trasladaba al despacho de los Schomburg y, luego, me reunía con el president Puigdemont, bien en el sitio donde él vivía o en el propio despacho de Wolfgang y Sören; por las noches cenaba con Wolfgang Kaleck con o sin su familia en función de la agenda de cada cual y, a la mañana siguiente, si no quedaba nada pendiente, regresaba a Madrid o a Barcelona en el primer vuelo de la mañana.

La rutina de esos viajes, y las múltiples combinaciones de vuelos que fui intentando, me llevaban a la misma conclusión: Madrid y Berlín están muy mal comunicadas porque resulta casi imposible, aunque alguna vez lo conseguí, ir de una a otra en el mismo día, que habría sido lo ideal.

Después del «Bob-Dogi» de Bruselas, el primer viaje a Berlín fue el martes siguiente; en esa ocasión viajamos Isabel y yo porque era necesario tener la doble visión procesal-penal. Ir juntos nos generaba problemas de logística con nuestra hija, pero en esta ocasión era absolutamente necesario.

Siempre me he considerado más procesalista que penalista e Isabel justo lo contrario; en este caso, la defensa pasaba por una combinación clara entre ambos derechos: había que jugar dentro de las reglas del proceso con habilidad y, además, estábamos discutiendo, abiertamente, de doble incriminación en base al artículo 10.2 de la Ley de Cooperación Jurídica Penal alemana. Como no podíamos fallar teníamos que estar a todos los detalles.

La reunión con los Schomburg fue muy larga, había muchos puntos que analizar. Posteriormente quedamos en que el president Puigdemont viniese al despacho para hacerle una detallada exposición de la situación y, sobre todo, de lo que estábamos preparando para cuando el fiscal de Schleswig presentase su solicitud de entrega. No nos cabía duda de que esa sería su posición por mucho que una serie de políticos alemanes ya se hubiese pronunciado en contra de la entrega; en Alemania lo que diga un político no tiene ninguna relevancia en cualquier proceso judicial.

Los temas a tratar iban variando por momentos; después del 5 de abril Llarena, sin que nadie se lo pidiese, había enviado un escrito al Tribunal de Schleswig-Holstein manifestando su sorpresa con la resolución y planteando que no se podía creer que los hechos descritos en el auto de procesamiento no constituyesen algún tipo de acto ilícito en Alemania. Lo que venía a decir era que esos hechos, los de su auto de procesamiento, si no eran rebelión deberían ser sedición o, como mínimo, desórdenes públicos. Eso abrió un debate jurídico muy favorable a nuestra posición del cual, una vez más, Llarena no fue consciente sino hasta que fue demasiado tarde. En el fondo nuestro mejor aliado ha sido Llarena y su padrino, porque desde la ignorancia nos han ido sirviendo los argumentos que, cual llave de judo, hemos ido usando.

Como era evidente que la rebelión no formaba parte del catálogo de delitos que permiten la entrega automática, había que entrar en la comprobación de la concurrencia de la doble incriminación. Ello, conforme al derecho alemán, nos abría una importante vía para cuestionar la existencia de la supuesta rebelión. El problema de Llarena, y de los distintos relatos que se han ido construyendo e intentando instalar, es que no comprenden en qué consiste realmente la «doble incriminación» y eso termina siendo su perdición.

Cuando se habla de doble incriminación lo relevante no es que en uno u otro país exista un delito determinado sino que los hechos por los que se reclama a una persona sean delictivos en ambos países. Lo sorprendente, o tal vez no tanto, es que esto no se comprendiese en el Tribunal Supremo, y digo «no tanto» porque es una materia muy específica que en España solo es competencia de la Audiencia Nacional y contra cuyas resoluciones no cabe recurso de casación ante el Supremo; quien no haya pasado por la Audiencia Nacional no conoce bien el derecho extradicional... Bueno, algunos que han pasado por la Audiencia Nacional tampoco lo entienden, pero eso ya es materia de otro debate.

En todo caso, y para comprender bien de lo que estamos hablando, siempre uso el mismo ejemplo: tanto en España como en Arabia Saudí existe el delito de tráfico de drogas (delito contra la salud pública), pero si desde Arabia Saudí se reclamase a una persona por vender alcohol es evidente que esos hechos, que en Arabia Saudí constituyen un delito contra la salud pública o tráfico de drogas, en España no lo serían; por tanto, no daría lugar a la extradición por no darse el requisito de la doble incriminación. Es así de sencillo pero a Llarena le está costando un mundo entenderlo.

Tampoco logró entender, hasta que fue muy tarde, que el delito de sedición fue derogado en el Código Penal alemán en la reforma de 1970, por lo que sobraba seguir insistiendo en un tipo penal que allí ni tan siquiera existía; esta actitud también nos daba pistas: quienes le asesoraban desconocían el

Derecho alemán y también el sistema y cultura jurídica existentes en Alemania, parecía más bien que seguían anclados en la dogmática penal alemana imperante entre 1933 y 1945.

En el caso del president Puigdemont y del resto de consellers sucede lo mismo: los hechos incluidos en el auto de procesamiento y por los que han sido reclamados no constituyen un delito de rebelión ni ningún otro tipo de delito ni en Alemania, ni en Bélgica, ni en Escocia, ni en Suiza. Simplemente se trata de conductas propias de cualquier sistema democrático y criminalizarlas es forzar el derecho. Este, y no otro, es el mayor de los problemas que ha tenido el Tribunal Supremo respecto a la reclamación de entrega cursada a Alemania o a cualquier país europeo.

Sobre esta premisa fuimos articulando la defensa poco a poco, en la misma medida en que Llarena iba remitiendo documentación a la fiscalía alemana y esta nos la iba aportando a nosotros. Lo primero que nos llegó fue una cantidad ingente de vídeos sobre la supuesta rebelión que nos fueron entregados por el Tribunal de Schleswig-Holstein mediante comunicación electrónica y una clave para descargarlos.

Para la reunión del 22 de mayo todos habíamos visionado los vídeos y habíamos llegado a la conclusión de que la estrategia consistía en «empapelar» al Tribunal de Schleswig-Holstein, pues muchos de esos vídeos no solo no probaban la supuesta rebelión sino que, además, apoyaban nuestra línea de defensa. En uno de los primeros vídeos se veía a Jordi Sànchez y a Jordi Cuixart, el 20 de septiembre, indicando a la gente que por favor se retirase, que fuesen hacia la Gran Vía y que no reaccionasen a ninguna provocación, que la protesta tenía que ser pacífica. Eso no era rebelión, ni sedición, ni desórdenes públicos, sino un simple ejercicio de protesta ciudadana propio de cualquier democracia, que está obligada, por definición, a tolerarla. Así pues, acordamos que en nuestro escrito final deberíamos llamar la atención del Tribunal sobre dicho vídeo.

Los siguientes vídeos provocaron risas en los Schomburg porque consistían en caceroladas frente a furgones de la Policía

Nacional. Sí, caceroladas que, en lo personal, me recordaban a pacíficas protestas vividas décadas antes en Chile que luego se popularizaron también en Argentina. Estos vídeos también fueron elegidos para ser destacados en el escrito final, pues reflejaban algo muy distinto a lo sostenido por el juez Llarena: estábamos en el ámbito de la protesta, no de la sedición ni de la rebelión. Incluso hoy me resulta muy significativo el sentido que pretendía darle Llarena a esas imágenes, porque lo que reflejan es tan distinto a lo que interpreta que permite ver una auténtica disociación con la realidad de alguien que está ubicado en la cúspide de la judicatura española.

Así fuimos revisando los más de setenta vídeos que remitió el juez Llarena y, aparte de las reflexiones que hicimos a algunos de ellos, consideramos oportuno aportar otros que teníamos y que sí mostraban actos violentos o muy violentos: eran los que enseñaban la brutalidad con la que numerosos agentes de la Policía y la Guardia Civil habían reprimido a los ciudadanos el 1 de octubre de 2017. Como estábamos seguros de que el Tribunal de Schleswig-Holstein no querría pasarse semanas viendo vídeos, hicimos una selección que durase pocos minutos y cuyas imágenes procediesen de reconocidos y respetados medios internacionales, así como de reputados observadores internacionales presentes en Catalunya ese día: concretamente medios alemanes.

Ante la avalancha de vídeos remitidos por Llarena, que de nada servirían a sus fines, nosotros preferimos actuar con criterio alemán: lo sintetizamos todo al máximo, como haríamos al plantear nuestra oposición cuando llegase el momento de contestar al fiscal.

En un caso como este el auténtico problema es sintetizar, pues teníamos y tenemos muchísimo material. No obstante, al final lo que un Tribunal en cualquier país desea es conocer la esencia misma del caso, en qué se sustenta cada una de las posiciones enfrentadas y cómo se defiende cada una de ellas, así como cuál es el derecho invocado. Llarena quiso ganar por aburrimiento… nosotros por convencimiento.

Esa tarde del 22 de mayo, una vez habíamos terminado de revisar todo lo jurídico, le pedimos al president Puigdemont que se acercase al despacho de los Schomburg para explicarle cuáles eran las conclusiones a las que habíamos llegado, cuál era el criterio de selección del material que íbamos a seguir y, sobre todo, comentarle y analizar con él la forma en que habíamos llegado a esas conclusiones, pues todo defendido tiene derecho a conocer las razones de su defensa, muy especialmente uno inteligente y bien formado. Además, tratándose de una persona con las responsabilidades y proyección política del president Puigdemont, su defensa no podía estar al margen de su conocimiento y participación.

También aprovechamos para establecer con él la forma en que trabajaríamos el tema de las traducciones al alemán y cómo debíamos proceder para hacer las cosas lo más rápido posible; en Bélgica teníamos la estructura pero ahora el tiempo y el volumen la desbordaban, así que, aparte de consultarlo con él, tendría que coordinarme con Meritxell.

El president Puigdemont escuchó atentamente y luego hizo algunas sugerencias que en gran medida fueron tenidas en consideración. Los hechos los conocía mejor que nadie, y también dónde estaban las pruebas que podían apoyar nuestros planteamientos, especialmente las que desacreditaban los dichos, que no hechos, expuestos por el juez Llarena en el auto de procesamiento.

Todo este trabajo habría sido imposible sin algunos excelentes apoyos desde Barcelona de gente cuyos nombres me reservo por las posiciones que ocupan, pero que no solo son buenos juristas sino que, además, tenían un fondo documental del que hicimos uso un día sí y otro también para poder disponer de evidencias que dejaran la pretensión de Llarena, y su padrino, a la altura del betún.

Como no podía ser de otra forma, antes de finalizar la reunión el president Puigdemont nos pidió un pronóstico, y los cuatro fuimos muy claros: no podíamos establecer un calendario porque no dependía de nosotros, el tema de la rebelión y/o sedición (descartada del código penal alemán) o desórdenes públicos no lo veíamos y la malversación, que no la veíamos ni la vemos como hecho, dependería de si el Tribunal seguía o no considerándola como delito del catálogo; de hacerlo, no entraba en la doble incriminación, lo que podría llevar a un resultado, en ese aspecto, negativo para nuestros intereses.

El siguiente tema que se puso sobre la mesa fue la situación personal del president Puigdemont, es decir, qué sucedería si se resolviese la entrega, aun cuando fuese parcial, solo por malversación. Ahí ni Isabel ni yo teníamos un criterio formado, por lo que seguimos las pautas que indicó Wolfgang Schomburg: la resolución del 5 de abril era clara y, por tanto, si solo se acordaba la entrega por malversación no existía razón alguna para modificar la situación personal decretando la prisión provisional. Además, el Tribunal tendría muy en cuenta el comportamiento desde el día en que el president Puigdemont fue puesto en libertad: no solo había cumplido con todas las obligaciones sino que trabajamos sobre la base de la absoluta transparencia informando al Tribunal, casi a diario, de todas sus actividades, ganándonos una merecida confianza en cuanto a su voluntad de acatar lo que esa Sala decidiese, fuese en el sentido que fuese.

Terminada la reunión, Isabel y yo caminamos con el president Puigdemont hasta su lugar de residencia, donde hicimos una nueva evaluación de los temas agregando al análisis todo lo nuevo que sabíamos sobre la causa en España y la situación de los presos. Como su agenda siempre ha sido compleja, cuando llegó su siguiente cita nosotros nos fuimos hacia Kreuzberg para cenar con Wolfgang Kaleck y Helena.

En todo caso, de esta minirreunión de la tarde con el president Puigdemont recuerdo que, tomándonos un café, me preguntó si todo esto funcionaría. Yo le contesté con una frase que ya había usado en anteriores ocasiones, especialmente con Jaume Asens: «Mira, president, hasta ahora todo esto en la pizarra ha funcionado, así es que tenemos que confiar en que cuando mezclemos todos estos productos no nos explote el laboratorio». El president guardó unos segundos de silencio que rompió con una sonora carcajada y diciéndonos: «Entiendo, confiemos en salir ilesos del experimento». Esto reflejaba el grado de confianza que había depositado en el trabajo que estábamos haciendo.

Al día siguiente tomamos el primer vuelo de la mañana a Madrid, la agenda cada día era más compleja y en ella se mezclaban esta causa y otra serie de procedimientos y compromisos profesionales previamente acordados, así como algunos compromisos familiares que eran, a esas alturas, ya inexcusables.

La semana siguiente me tocaba dar clases en el Colegio de Abogados de Madrid, seguramente una de las actividades más gratificantes de las que hago (más bien hacía) a lo largo del año; después, viajar a Edimburgo, donde tenía reunión prevista con Clara, Aamer, Claire y el resto del equipo jurídico escocés, con quienes de forma muy eficiente habíamos acordado agenda, puntos a tratar y tiempos para hacerlo. Se escogió Edimburgo, en gran medida, para facilitarme a mí el viaje, pues de Escocia era el lugar con mejores conexiones con Madrid. Es una ciudad que me encanta y de la que tengo grandes recuerdos: mi hija mayor se graduó allí en la universidad y cuando lo hizo tuvimos allí la mejor reunión familiar en años: fuimos Isabel, nuestra hija Elena, Nina mi expareja, su actual cuñada y Sandra, mi hija mayor. Fueron días entrañables que, además, aprovechamos para recorrer muy bien la ciudad.

El tiempo también apremiaba en Escocia, el juicio estaba previsto para el 30 de julio; el 9 de agosto se haría una pausa para reanudarse el 27 de agosto hasta terminar. Antes había una serie de audiencias preliminares de índole procesal para proposición de pruebas, establecimiento del marco de la discusión jurídica que se llevaría a efecto en ese juicio y un número importante de formalidades que requerían tomar decisiones respecto a diversos temas. Ya retomaré luego esto.

Días después de regresar de Escocia tuve un juicio en la Audiencia Provincial de Madrid, una causa relativamente sencilla que mientras preparaba me fui dando más y más cuenta de que la línea de defensa pasaba por presunción de inocencia: no existían pruebas de cargo. Lo difícil en estos casos en que el acusado lleva más de un año en prisión es que se acepte que no hay pruebas y se le deba absolver; este juicio no sería la excepción: desde el principio de la primera sesión el ponente no paraba de gesticular cuando se iba acreditando que las sospechas policiales no se transformaban en prueba.

Este juicio duró dos días y al terminar me fui al despacho a preparar la documentación que, al día siguiente, me tenía que llevar en un nuevo viaje a Yibuti. Esta vez el viaje sería algo más directo, solo una escala, pero duraría dos horas más; para colmo, en Yibuti no existe el *roaming*, por lo que nada más aterrizar me quedaba sin señal telefónica ni de datos excepto cuando estaba en el hotel, en alguna oficina o en algún restaurante en que hubiese conexión wi-fi. Esto me ponía muy tenso porque estábamos en un momento en que no debía estar desconectado.

Durante los dos días que estuve en Yibuti no se produjeron grandes novedades pero sí un nutrido intercambio de e-mails con los Schomburg, en los que fuimos perfilando partes de lo que sería el documento final que posteriormente presentamos. La decisión que habíamos tomado era la de trabajar en un documento atemporal, es decir, en todo aquello que con independencia de cuándo presentase su escrito el fiscal y qué dijese en el mismo nosotros considerábamos oportuno incluir en el nuestro.

Al regreso de Yibuti tuve que viajar a Jerez en el primer vuelo de la mañana para visitar a un defendido en la prisión de Puerto 1, una prisión de máxima seguridad donde todos los presos están clasificados en primer grado o en artículo 10. Dicho en términos coloquiales, el primer grado es aislamiento veintidós horas al día para los condenados y el artículo 10 es la misma modalidad pero aplicada a presos preventivos; mi defendido estaba en artículo 10, aún hoy no soy capaz de comprender las razones para ello, al no tener delitos de sangre y observar una excelente conducta.

De Jerez, me fui por carretera a Fuengirola para reunirme con otro compañero y unos defendidos que tenían una causa en dicha ciudad; después de comer con ellos me fui a la estación del AVE de Málaga, devolví el coche de alquiler y regresé a Madrid en el primer tren que pillé. Dormí todo el viaje o esa fue la sensación que tuve.

De regreso a Madrid me centré en ordenar mi escritorio, poner al día diversos temas, ir a ver distintas causas en algunos juzgados y visitar a defendidos en las prisiones de Madrid a los que no veía desde hacía quince días, cosa que no me gusta.

Mientras todo esto sucedía, Llarena no paraba de enviar más y más documentación al fiscal alemán, y eso seguía retrasando la fecha de presentación de su escrito de conclusiones. Íbamos camino de los primeros sesenta días y no existía previsión alguna de cuándo tendríamos que contestar al fiscal. La idea de Llarena, que fue su perdición, consistía en empapelar a los alemanes como si el abrumarles con papeles, resoluciones y documentos le fuese a dar más credibilidad o más razón.

El lunes siguiente volví a tomar el vuelo a Berlín; necesitábamos evaluar cosas y el teléfono no era la vía más segura para hacerlo. Además, reuniones de este tipo se hacen mejor cara a cara y con los ordenadores delante para ir despejando temas lo más eficientemente posible.

Nada más llegar, y como ya era costumbre, me fui al despacho de los Schomburg y estuvimos reunidos hasta las 16.00 horas, cuando comenzamos una nueva reunión con el president Puigdemont.

Necesitábamos hablar con él y plantearle la conveniencia de que se volviera a instalar en Schleswig-Holstein, en el ámbito territorial del tribunal que llevaba su caso. Habíamos tenido la percepción, tal vez información, de que se podía estar gestando una maniobra procesal que nos gustaba poco o muy poco… El president Puigdemont entendió inmediatamente nuestra preocupación y procedió a actuar en consecuencia, razón por la que regresó a la mañana siguiente a Schleswig-

Holstein, donde tuvo que encontrar un sitio en el que estar el tiempo que esto durase, bien comunicado, donde pudiese recibir visitas y que cumpliese ciertos criterios en materia de seguridad porque no eran, ni son, pocas las amenazas que ha sufrido por parte de los de siempre.

La razón principal para decidir ese regreso a Schleswig-Holstein era la posibilidad de que Llarena retirase la OEDE existente y cursase una nueva que nos pillaría en Berlín. Esto, tratándose de un Estado Federal, conllevaba comenzar nuevamente de cero, detención incluida; con el trabajo que se había realizado hasta la fecha no podíamos permitirnos una pérdida de ese nivel y la mejor fórmula de evitarla era cambiando al president de *land*.

Una vez terminada la reunión me fui caminando con el president Puigdemont hasta su residencia y aprovechamos la ocasión para hablar de cómo veíamos la situación en España, más allá del propio proceso penal que le afectaba, de cómo irían reaccionando a nuestras iniciativas legales y, también, de los tiempos elegidos para sus correspondientes presentaciones. En la puerta de donde vivía el president nos quedamos hablando cerca de media hora más y, después de despedirnos, caminé hasta la calle principal para coger un taxi hacia mi querido barrio de Kreuzberg donde, como ya era habitual, había quedado con Wolfgang Kaleck para tomarnos unas cervezas y luego juntarnos con Helena y Manuel para cenar. El calor invitaba a una cerveza bien fría.

Wolfgang y yo hablamos un poco de todo y, como no podía ser de otra forma, también del caso, de la situación en esos momentos y de las últimas decisiones que habíamos tomado con los Schomburg. Wolfgang no solo estaba de acuerdo con ellas sino que las veía como las más oportunas porque en un caso así de político toda precaución es poca y, al igual que nos pasaba a nosotros, tampoco se fiaba.

Durante la cena continuamos nuestra conversación pero esta vez centrados en la causa que tenemos conjuntamente ante el Tribunal Europeo de Derechos Humanos (TEDH) por las llamadas «devoluciones en caliente». Ya habíamos ganado ese caso, pero el Gobierno de Rajoy había pedido al Tribunal que la decisión fuera remitida a la Gran Cámara y en breve tendríamos una vista; este tipo de remisiones viene a ser lo que en términos de derecho interno se llamaría apelación; nosotros íbamos como apelados y teníamos, aún, mucho trabajo por realizar antes del 4 de julio, día en que estaba señalada la vista oral.

Pocas son las causas que terminan siendo admitidas a trámite en el TEDH, y menos las que son estimadas; de esas, unas pocas son remitidas a la Gran Cámara, la última instancia del proceso. Los detalles de esta causa los llevo con Carsten Gericke, gran compañero y excelente jurista, pero Wolfgang y yo teníamos que evaluar los posibles escenarios y cómo debíamos actuar ante cada uno de ellos; a la mañana siguiente teníamos reunión con Anabel Bermejo, la directora de comunicación del European Center for Constitutional and Human Rights (ECCHR), por lo que debíamos llegar con las ideas claras, en especial aquellas que afectaban a la comunicación.

Después de la cena caminé un rato acompañando a Wolfgang, Helena y Manuel hasta cerca de su casa, y de ahí emprendí otra caminata hacia mi hotel; quería andar y pensar, son los momentos que más aprecio de mis viajes a Berlín. Me acosté tarde y me levanté temprano para estar pronto en el ECCHR. Una vez terminé allí, me acerqué a una cafetería cercana, donde había quedado con la familia del defendido que tengo en Puerto 1, que vive en Alemania. Luego corrí al aeropuerto porque tenía un vuelo a las 15.30 a Madrid, donde me esperaba una cena de trabajo.

Mientras todo esto sucedía, mis conversaciones con Toni seguían siendo diarias, pues en Bruselas se estaba trabajando en varias iniciativas jurídicas que requerían apoyo y coordinación. Se avanzaba poco a poco porque son temas muy complejos en los que no se podía ni se pueden cometer errores: no es momento de experimentos o, mejor dicho, son momentos de experimentos pero siempre con una red de seguridad.

Finalmente, el 5 de junio presentamos ante los juzgados de Bruselas una demanda civil contra el juez Llarena. En Oviedo, en una de las bien remuneradas conferencias que imparte, el juez se permitió hablar no solo del caso que estaba instruyendo, sino también de nuestros defendidos, vulnerándoles el derecho a la presunción de inocencia. El anuncio público de la demanda pilló, primero, por sorpresa a todos en España, y luego, generó mucha hilaridad. Solo meses después serían capaces de entender la relevancia que la «ridícula demanda», como la habían denominado, tendría en toda la estrategia internacional y de la cual se desprenderían importantes consecuencias... muchas de las cuales están aún por conocerse.

Ese mismo día, sobre la base de la propia interposición de la demanda, me personé en la causa que instruía el juez Llarena, en nombre de Meritxell y Toni con poderes concedidos ante notario belga, y procedí, inmediatamente, a recusarle. Llarena tardó pocos días en inadmitir la recusación pero lo hizo saltándose todas las normas que la regulan, en su línea habitual. Lo interesante es que en la inadmisión hablaba del sentido y contenido de la demanda y, sin embargo, meses más tarde, cuando solicitó amparo al Consejo General del Poder Judicial, afirmó que recientemente se había enterado por los medios de dicha demanda; una vez más la realidad documentada le contradecía y le dejaba en evidencia, pero esos son detalles que a él no parecen preocuparle. No parece estar dispuesto a que la verdad le estropee una resolución.

El ataque mediático que sufrimos esos días, como resultado de la interposición de la demanda, fue brutal, porque muchos salieron a repetir el mantra de que Bélgica no tenía jurisdicción, que Llarena tenía inmunidad soberana por actuar como parte del Estado y no sé cuantas insensateces más que carecían de cualquier fundamento jurídico, al menos en el seno de la Unión Europea. Hablaban por no callar, toda vez que aparte de nosotros y Llarena pocos habían leído la demanda y ni siquiera conocían cuál era el *petitum* de la misma; al final eso es lo que determina el objeto del debate en materia civil.

Sin Toni y su cabezonería esa demanda nunca habría visto la luz, pues esta generó muchas reticencias al no entenderse la globalidad de la estrategia, que en un tablero así hay piezas de todos los tamaños y potencias pero que todas son útiles. Igual el problema radicaba en que nunca quise explicar completamente la estrategia ni cuáles serían las piezas en juego en cada momento. Incluso hoy no puedo hacerlo por prudencia y porque seguimos inmersos en la mitad de la partida.

En medio de todo fuimos, una vez más, sorprendidos por un hecho positivo: la Fiscalía alemana, aportando cierta documentación remitida por Llarena, solicitó al Tribunal de Schleswig el ingreso en prisión del president Puigdemont. Fuimos sorprendidos porque a la Fiscalía se le «olvidó» darnos traslado de su escrito para habernos podido oponer; motivos nos sobraban, y solo nos enteramos en el momento en que el Tribunal, por segunda vez, descartaba la existencia de la supuesta rebelión y denegaba la petición de la Fiscalía. La resolución no dejaba lugar a dudas y tuvo una amplia repercusión en España que, una vez más, cargaba en contra del tribunal alemán en lugar de hacerlo en contra de los únicos responsables de este desaguisado: el juez Llarena y quienes en la Sala Segunda le iban respaldando o alentando.

Nuevamente habíamos obtenido un éxito, si bien poca o ninguna participación tuvimos en este, excepto por los escritos que habíamos ido presentando en esas semanas, muy sencillos y directos, en los que íbamos reforzando la inicial decisión del Tribunal de Schleswig-Holstein respecto no solo a la rebelión, la derogada sedición y los desórdenes públicos, sino también a la supuesta malversación que, como descubriríamos después, el Tribunal alemán veía, a nuestro juicio erróneamente, como «delito catálogo».

Como no podía ser de otra forma, la reacción del Tribunal Supremo fue iracunda, desangelada y totalmente fuera de lugar, porque se produjo en el seno de una apelación de libertad de Jordi Sànchez que nada tenía que ver con la OEDE del presidente Puigdemont y, mucho menos, con la decisión alemana. Era una nueva rabieta que vendría seguida de un nuevo relato o, mejor dicho, de una nueva versión del mismo: Alemania se había excedido en sus planteamientos y el juez Llarena se planteaba, «seriamente», elevar una cuestión prejudicial al Tribunal de Justicia de la Unión Europea, como si eso fuese posible.

Conocíamos la letra y la música, que más que pegadiza se me antojaba desafinada. Como me decía siempre mi padre: cuando hay que explicar lo evidente el problema lo tiene uno; en este caso, era evidente que Llarena no podía plantear una cuestión prejudicial respecto a una decisión ya tomada, mucho menos por otro Tribunal; pero ante la maquinaria propagandística del Supremo y su concatenación de relatos absurdos, no nos quedaba más remedio que salir no ya a desmentirlos sino a explicar, lo más didácticamente posible, que se trataba de un mero relato carente de todo soporte legal.

A estas alturas del partido ya no existía un relato monolítico en los medios españoles: unos pocos comenzaban a plantearse abiertamente si Llarena era la persona adecuada para llevar esta instrucción y si tal vez el problema no estaba en Alemania sino en la forma en que se estaba llevando en España. No eran muchas las críticas pero sí relevantes, al menos para mí, porque provenían de periodistas con criterio y conocimientos jurídicos.

Por mi parte, trataba de centrarme en dar un mensaje claro: el problema son los hechos, que no son delictivos y solo desde una perspectiva antidemocrática pueden presentarse como tal. En democracia hay muchos comportamientos que hay que tolerar, nos gusten o no, porque así son las reglas del juego. La democracia no consiste solo en acudir a votar cada tantos años sino en vivir conforme a una serie de valores que, trasladados al ámbito jurídico, implican que las normas han de ser interpretadas conforme a criterios democráticos. Esto es lo que estaba haciendo y diciendo el Tribunal de Schleswig-Holstein y a lo que con tanta vehemencia se oponía el Supremo.

El gran problema del procedimiento en contra de los políticos catalanes es, justamente, de concepción democrática, porque lo que para el Tribunal Supremo es delito no lo es para la gran mayoría de juristas españoles, ni tampoco para los tribunales de fuera de España. El enroque en el que está sumido el Tribunal Supremo está poniendo en evidencia que, para muchos de sus miembros, la democracia ha de ser orgánica y autoritaria, es decir no-democracia, y eso es un problema porque si bien todos los poderes del Estado tienen pesos, contrapesos y controles, el Tribunal Supremo no los tiene. Ahora se está viendo lo peligroso que es eso y el gran daño que se le está haciendo al sistema de garantías propio de una democracia. Al final, el sistema surgido a partir de 1978 está rompiéndose por donde menos se esperaba: por las altas instancias jurisdiccionales del país.

En medio de todo esto tuve que volver a viajar a Moscú, esta vez por el Congreso de la FIFA, al que acudo habitualmente como abogado de la Federación Palestina de Fútbol; muchos amigos me envidian por acudir a este tipo de eventos pero, la verdad, pocas cosas me parecen más complejas, si no sórdidas, que la FIFA, y si ya se trata de un Congreso aún más.

Estaría en Moscú cuatro días y, a pesar de tener entradas para el partido inaugural, como les ocurre a todos los delegados que asisten al Congreso, no me quedé a verlo sino que regresé en el último vuelo de la noche anterior a Madrid. El día del partido tenía que viajar a Alemania.

En Moscú hizo bastante calor, un calor húmedo que se complicó con la obligación de ir con traje y corbata y estar moviéndonos de un sitio a otro para múltiples reuniones con otras asociaciones y con altos cargos de la FIFA y la Confederación de Fútbol de Asia (AFC en inglés), a la que pertenece la Federación Palestina. Fueron días agotadores pero me dio tiempo, y me apetecía, hacer deporte, así es que bajé cada mañana, antes de desayunar, al gimnasio del hotel en el que estábamos hospedadas todas las delegaciones asiáticas, ubicado justo frente al Kremlin, lo que me daba una visión espectacular de esa parte de la ciudad.

La Federación Palestina lleva años luchando para que se respeten los Estatutos de la FIFA, que prohíben que los equipos de una federación jueguen en el territorio de otra; en este caso los que juegan en territorio palestino ocupado son una serie de equipos profesionales instalados en los asentamientos ilegales construidos por Israel. Los intentos han sido múltiples y jurídicamente bien fundamentados, pero para la FIFA los derechos humanos y las normas imperativas de derecho internacional les resultan no ya desconocidas sino absolutamente ajenas e inaplicables, a pesar de los actos cosméticos que realizan cada tanto, como la constitución de un Comité de Derechos Humanos dentro de la FIFA, con el oxímoron que eso implica.

En este Congreso no llevábamos ninguna propuesta respecto a los clubes porque estábamos a la espera de la decisión del CAD (Corte de Arbitraje Deportivo), cuya vista ya habíamos celebrado y no nos parecía correcto, en paralelo, hacer un nuevo intento; lo que sí llevamos fue una propuesta muy sencilla de modificación de uno de los artículos de los Estatutos FIFA que hace referencia al compromiso de esta con los Derechos Humanos. Lo que pretendíamos era que se incluyese en sus estatutos una frase: «El incumplimiento de las normas internacionales en materia de derechos humanos conllevará la suspensión y/o expulsión de la FIFA».

En definitiva, se trataba de hacer exigible el compromiso retórico de los derechos humanos que contienen los Estatutos FIFA, pero tal propuesta puso nerviosos a todos los dirigentes y ello motivó que en los días anteriores al Congreso se nos citase a diversas reuniones con Gianni Infantino, presidente, y Fatma Samoura, secretaria general de la FIFA. Ambos, así como múltiples mensajeros que se nos aproximaron, intentaban que retirásemos la propuesta para no verse enfrentados a la evidencia de que a la FIFA los derechos humanos le molestan.

Nosotros, con el presidente Rajoub al frente, dejamos claro

que no nos moveríamos de nuestra posición y que esta debería ser votada por el Congreso en pleno, como establecen las normas reguladoras de los congresos de la FIFA. La tensión se podía palpar en el aire y la determinación de Infantino de impedir tal reforma le llevó, una vez más, a forzar la máquina, consiguiendo que el Council de la FIFA (una suerte de Consejo de Administración) votase una recomendación, dirigida a los delegados de las distintas federaciones, para que votasen en contra de nuestra propuesta.

El presidente Rajoub, Susan Shalabi, la secretaria general de la Federación Palestina, y yo éramos absolutamente conscientes de que en el Congreso no lograríamos superar el veto que nos estaba preparando Infantino, pero los palestinos, como los catalanes, son resilientes y, por tanto, pelearíamos hasta el final para seguir intentándolo en nuevos congresos.

La mañana del Congreso bajé a desayunar bastante pronto y comencé a ver que más de un delegado bajaba la vista cuando lo saludaba; era la pista que necesitaba para saber qué votarían. Susan y el presidente Rajoub bajaron tarde, estaban aún en Ramadán y, por tanto, no podían romper el ayuno hasta la puesta de sol. Nos subimos al autobús previsto para los delegados asiáticos y partimos rumbo al Palacio de Congresos, donde se había organizado el evento.

Era importante, porque no solo se votaba nuestra propuesta, sino también el país que organizaría el Mundial de 2026. Las candidaturas eran la de Marruecos, por un lado, y Estados Unidos-Canadá-México por otro. Al final ganó la que contaba con el apoyo de Infantino: Estados Unidos-Canadá-México, que consiguió, incluso, el voto de muchos países árabes que, por lógica, se pensaba que apoyarían a Marruecos. La larga mano de Infantino se hacía presente allí donde hubiese que tomar decisiones importantes y un Mundial siempre lo es.

Nosotros estábamos más preocupados de lo nuestro, que iba en el punto 11.2 del orden del día. El Congreso se me estaba haciendo eterno y, como si eso fuese poco, en medio de uno de los varios discursos de Infantino apareció, como si de una sorpresa se tratase, el presidente Putin, lo que obligó a una breve interrupción del evento y a una aún más breve intervención del propio Putin. Son las típicas cosas de la FIFA que tanto les importan y que tan poco aportan al deporte y a su función social.

Cuando llegó nuestro turno, el presidente Rajoub subió al estrado y dirigió un discurso muy serio a todo el Congreso, un discurso que habíamos preparado con todo detalle; los delegados le escucharon con educación y al finalizar hubo aplausos, pero la intensidad y la localización de los mismos confirmaban nuestra percepción de que perderíamos. Nada más terminar intervino Infantino para «poner en conocimiento» de los delegados que el Council, por unanimidad, había aprobado una «recomendación» a los delegados para que votasen en contra de nuestra propuesta argumentando que la misma carecía de base y necesidad legal. Entonces me tocó a mí pedir la palabra y desmentirle con argumentos claros y muy concisos pero que, como luego se acreditó, caerían en saco roto: el resultado fue que solo 35 de los 210 miembros de la FIFA nos apoyaron, al resto los derechos humanos les incomodaban, cosa que no me extraña.

Una vez concluido el Congreso estaba prevista la tradicional comida postevento, pero nosotros decidimos volver al hotel y pasar de todo; en realidad, ni Susan ni el presidente Rajoub podían comer por el Ramadán, a mí no me apetecía y a ninguno de los tres nos interesaba quedarnos allí para hablar con gente que tan abierta y claramente estaban en contra de nuestra propuesta.

Esa noche tomé el vuelo de las 00.30 de regreso a Madrid. El avión iba casi vacío y volé sentado junto a Lopetegui y muy cerca de sus dos asistentes, que regresaban después de haber sido cesados por la Federación al haber fichado por el Real Madrid. No me apetecía hablar con nadie así que, aun sentado entre ellos, me hice el dormido y me limité a escuchar lo que ellos hablaban: la carta de despido que les había remitido la Real Federación Española de Fútbol.

Aterrizamos en Madrid sobre las 4.00 de la madrugada, y nada más salir me fui a casa. Entré silenciosamente, me duché, saqué a Lili a pasear y luego me tomé un par de cafés mientras leía la prensa. Al poco rato se levantó Isabel, hablamos un rato y una vez que estuvo lista nos fuimos nuevamente al aeropuerto. Íbamos a pasar el fin de semana en Heidelberg, la ciudad donde viví en Alemania y donde teníamos una celebración con excompañeros de mi club de rugby. Hacía muchos años que no nos juntábamos y esta reunión la habíamos planificado con mucha antelación, mucho antes de saber cuán complicada sería mi vida en esos momentos.

Dormí todo el vuelo hasta Frankfurt y al llegar allí cogimos un coche de alquiler y partimos rumbo a un fin de semana que quería que fuese tranquilo y, no sé cómo, así resultó. Al llegar a Heidelberg todo me parecía propio y me sentía como en casa; fui indicándole a Isabel qué era cada sitio, qué había hecho o dejado de hacer en uno y otro y, la verdad, parecía como un abuelo recordando las batallitas de la juventud... seguramente porque así era.

Nos instalamos en el hotel que habíamos reservado, junto al puente viejo, y esperamos que llegasen nuestros amigos Marcelo y Stina desde Islandia, que se hospedarían en el mismo hotel. Entre tanto, salimos a dar una vuelta que terminó en la cafetería de la facultad; quería comer tarta de queso, que allí era de las mejores. Para mi sorpresa ya no las hacían, y el cajero, que era de un par de quintas anteriores a la mía, me informó de que esa receta ya no se elaboraba: el cocinero se había jubilado y trasladado a vivir a Italia, donde finalmente había fallecido; fue el primer encontronazo que tuve con el paso del tiempo ese fin de semana.

Cuando estábamos llegando al hotel nos encontramos con estos amigos del alma, con los que continuamos nuestra caminata hasta dar con un sitio donde tomarnos alguna cerveza y comer algo. Por la noche nos fuimos al Weinloch, un bar muy tradicional de la ciudad vieja al que siempre acudíamos Marcelo y yo cuando vivíamos en Heidelberg. Fue una visita nostálgica y, claro, Stina e Isabel nos acompañaron como quien lleva a un abuelo a recorrer los lugares de su infancia. Lo que aún no nos fallaba era la memoria, porque los recuerdos y las anécdotas se acumulaban.

El sábado por la mañana Isabel y yo salimos muy temprano a visitar el castillo de Heidelberg y regresamos un par de horas después para irnos con Marcelo y Stina a dar una vuelta por los pueblos de la rivera del Neckar, el río que atraviesa la ciudad. Comimos algo y caminamos hasta la plaza principal de la ciudad para tomar un tranvía con el cual acercarnos a nuestro barrio, donde tiene la sede nuestro club de rugby y se celebraba la fiesta; nadie sabía que iríamos.

Al llegar caminamos un poco, sin parar de repasar anécdotas y reírnos mucho... Llevaba meses sin estar tan relajado. La fiesta duró hasta muy tarde pero fue un grato reencuentro con mis compañeros de equipo y aventuras de muchos años; a algunos de ellos hacía tres décadas que no les veía.

El domingo salimos pronto a pasear por el Camino de los Filósofos y Marcelo y yo nos hicimos una memorable foto idéntica a otra que tenemos en el mismo sitio treinta y cinco años antes; a nuestros ojos estábamos iguales pero seguro que el resto del mundo no opina así. Luego volvimos a la fiesta y sobre las 18.00 horas Isabel y yo cogimos el coche y volvimos a Frankfurt para tomar el vuelo de regreso a Madrid.

Tres días después salí nuevamente rumbo al aeropuerto para coger otro vuelo a Berlín.

Dormí todo el trayecto hasta Múnich y gran parte del vuelo de allí a Berlín y nada más aterrizar me trasladé a un restaurante en los bajos del despacho de los Schomburg, donde había quedado con el president Puigdemont. Este se había trasladado a Berlín por el día para reunirse con nosotros y también atender diversos compromisos políticos que tenía. Ya para entonces estaba instalado en Schleswig-Holstein, como le habíamos aconsejado, y cada vez que tenía compromisos se trasladaba a Berlín, siempre después de que nosotros, como era nuestra regla, notificásemos dicho movimiento al Tribunal.

Era temporada de espárragos, que en Alemania son excepcionalmente buenos, así que mi almuerzo se basó en ellos en diversas formas. No quería comer nada pesado porque luego tenía una larga reunión con los Schomburg, otra reunión en Schönefeld, al otro lado de Berlín, y de ahí regresar a mi hotel para coger un vuelo a Madrid a primera hora de la mañana. En esta ocasión no me vería con Wolfgang Kaleck por razones de agenda de ambos.

Terminada la comida subimos al despacho y nos reunimos más de una hora con los Schomburg y el president Puigdemont; luego, este salió para una importante reunión que tenía con el ya elegido president Torra y parte de su equipo. Los Schomburg y yo nos quedamos trabajando hasta eso de las 19.00 horas, cuando terminamos la parte final referida a los delitos más complejos: rebelión, la derogada sedición y desórdenes públicos. Eso de que terminamos es un decir, porque la versión final la tuvimos a última hora del último día de plazo que, llegado el momento, nos dieron.

Esa noche estuve hasta tarde reunido con el círculo más cercano del president Puigdemont para informar de la situación, los pasos a seguir y lo que se esperaba en cada etapa; llegué a mi hotel sobre las 2 de la mañana y me levanté a las 04.30 para, una vez más, coger el primer vuelo de regreso a Madrid.

Mis regresos a Madrid siempre estaban cargados de una agenda demencial porque en pocos días tenía que poner en orden multitud de cosas, preparar juicios, estudiar causas, visitar a defendidos en prisión, ocuparme de cosas de mi propia casa, disfrutar de mi hija pequeña, etc.

Finalmente, el 26 de junio, la Fiscalía de Schleswig-Holstein presentó su escrito solicitando que se acordase la entrega del president Puigdemont por los delitos de rebelión, traición a la patria y/o desórdenes públicos, así como por el de malversación. Era un escrito serio, claro, bien estructurado y muy sintético, como suelen ser este tipo de peticiones en el proceso alemán; dieciocho páginas que deberíamos analizar al detalle y a las que teníamos que dar respuesta de forma contundente y definitiva.

A la mañana siguiente yo ya estaba de regreso en Berlín para, junto con los Schomburg, analizar cada detalle del escrito de la Fiscalía, dividirnos el trabajo, revisar lo que haríamos y calcular el tiempo que teníamos para cada apartado de nuestra respuesta. Fue un viaje muy intenso y breve porque regresaría a Madrid esa misma noche y, no sin una buena dosis de suerte, logré encajar todo el trabajo con las conexiones de vuelos adecuadas.

Inicialmente, se nos indicó un plazo de una semana, pero hablamos con el Tribunal, manifestamos que necesitábamos más y se acordó un plazo de quince días. Era lo mínimo después de pasarnos más de noventa días esperando a que la Fiscalía concretase sus pretensiones. En realidad teníamos gran parte del trabajo hecho, pero ahora había que encajarlo con lo planteado por la Fiscalía y, además, contrastar todo lo que allí se decía para rebatirlo. No eran pocos los temas a resolver pero teníamos las ideas muy claras, el sistema de trabajo y las responsabilidades de cada uno asignadas y solo había que materializarlo; además, lo que pretendíamos era controlar los tiempos y encajarlo todo con el juicio de Clara ya señalado.

Mientras nos confirmaban que disponíamos de los quince días que necesitábamos, montamos el documento siguiendo una estructura lógica en la cual primero se exponían, muy brevemente, los temas que estaban claros y no eran objeto de debate por no haber sido planteados por la Fiscalía; luego se seguía el orden expuesto por la Fiscalía para, así, de manera ordenada, dar contestación a cada punto de su escrito. Esa fue la versión 1 y es con la cual salí de regreso hacia Madrid; la que terminamos presentando, dos semanas después, fue la 2.14, lo cual da una mejor idea de cómo se realizó el trabajo y cuán detallistas fuimos, pues no se dejó nada sin contestar, aclarar o defender, como se vería luego en la resolución del Tribunal.

Durante toda esa semana el contacto con Wolfgang y Sören Schomburg fue constante, como con más gente que siempre nos ha ayudado en todo, y así fuimos perfilando el formato final del escrito; a medida que revisábamos lo presentado por la Fiscalía nos íbamos dando más y más cuenta de que si bien era muy serio tenía un gran problema: defendía lo indefendible y, cuando eso sucede, al final los argumentos siempre terminan dándose la vuelta. Incluso la jurisprudencia del Tribunal Constitucional alemán y del Tribunal Europeo de Derechos Humanos que se citaba terminaba siendo más beneficiosa para nosotros.

Poco a poco fuimos consolidando un documento que ya sabíamos que superaría las ochenta páginas pero no queríamos que excediese de las cien; por ello algunos de los mayores esfuerzos, como había sido habitual hasta ese momento, fueron de síntesis de lo que íbamos incorporando. El diálogo mantenido con Fiscalía y Tribunal durante esos tres meses nos permitió saber cuáles eran, realmente, los puntos de debate; sobre ellos teníamos que argumentar y así lo hicimos.

Una vez que tuvimos terminado el documento, pero no aún la versión final, le pedimos al president Puigdemont que fuese a Berlín a reunirse con nosotros, presentárselo y, sobre todo, revisar con él algo que conocía mucho mejor que nosotros: los hechos.

Esa noche me tuve que quedar en Berlín, así que cumplí, una vez más, con mi rutina de trasladarme a Kreuzberg y cenar con Wolfgang Kaleck; en esta ocasión no estaban ni Helena ni Manuel, que habían viajado fuera de Alemania, y decidimos ir a cenar a un griego que nos gusta mucho y tiene una pequeña terraza donde, a pesar del calor, se estaba mejor que dentro. Aunque comimos rápido, la sobremesa se alargó bastante porque teníamos muchas cosas de las que hablar, incluida, como no podía ser de otra forma, la contestación a la solicitud de Fiscalía que estábamos terminando.

Por la mañana regresé a Madrid tras conversar, mientras hacía escala en Frankfurt, con Sören Schomburg, que como yo comienza a trabajar muy temprano. Sobre las 7.00 había surgido una duda y era mejor aclararla inmediatamente; además, faltaban algunas traducciones que estábamos a la espera de recibir, así que tenía que insistir sobre ellas.

Una vez en Madrid me encerré a terminar mi parte del documento y cuando estuvo concluido se lo devolví a los Schomburg, que a su vez me enviaron una nueva versión para revisarla. El sistema era muy simple pero seguro: se incorporaban textos, párrafos y correcciones, se le daba formato de nueva versión y era revisada por todos para, de ahí, hacer nuevas incorporaciones o cambios; lo que queríamos evitar era que algo se nos pasase o que algunos cambios, correcciones o propuestas quedasen fuera por descontrol. La actividad era frenética y lo sería aún más durante el fin de semana.

Ese fin de semana me llevé a casa no solo mi portátil sino todo el material que necesitaría para ir avanzando en la versión final. Una causa de estas características requiere mucho control documental, y si además se tiene movilidad es preciso poder transportar todo eso en un formato digital seguro que no vaya a fallar. Así pues, salí el viernes del despacho con un disco duro portátil y unas ocho memorias extraíbles en donde tenía todo lo que necesitaría.

El sábado a primera hora, como había coordinado con Sören, fui a prisión a ver a un defendido y luego estuve trabajando en casa en la revisión de la nueva versión que me habían enviado los Schomburg. A mediodía habíamos quedado con unos amigos para comer y, por tanto, ni habría tiempo para trabajar ni habría siesta, que era algo que el cuerpo me estaba pidiendo; llegamos a casa sobre las 18.00 y continué con la revisión hasta terminarla y devolverla a Berlín. En medio de todo esto, tuve múltiples conversaciones con Toni sobre lo que estábamos haciendo y los temas pendientes en Bruselas; la idea era reunirnos una vez presentado ya el escrito final en Alemania.

El domingo, nada más levantarme sobre las 6.00, leí la prensa, saqué a pasear a Lili y luego revisé el mail. Ya había una nueva versión: si Sören y yo funcionamos muy temprano, Wolfgang Schomburg lo hace hasta muy tarde con lo cual bien se podría decir que estábamos trabajando, como equipo, casi las 24 horas del día.

A mediodía tenía revisado casi todo el escrito y era hora de despejarme un poco, así que me puse a cocinar, una afición que me relaja mucho. Después de comer continué con la revisión y sobre las 16.30 envié el documento a Berlín. Ya quedaba muy poco por hacer pero no terminaríamos hasta el lunes, con el tiempo pisándonos los talones a pesar de lo mucho que se había trabajado en los últimos tres meses.

Finalmente, y sobre las 12 horas de ese lunes 25 de junio de 2018, el documento quedó listo y enviado, por lo que a partir de ese momento la pelota estaba en el tejado del Tribunal Superior de Schleswig-Holstein. Nuestro trabajo estaba hecho y la espera sería muy tensa.

La información que se nos dio desde el Tribunal de Schleswig-Holstein era que o bien se dictaba resolución antes del 21 de julio o que ya se dictaría la segunda semana de agosto, cuando los jueces volviesen de vacaciones. Obviamente, un dato de esas características no era menor para nosotros, especialmente para mí, porque a partir del 30 de julio comenzaba el juicio de extradición de Clara en Escocia y necesitaba, de una parte, tener una resolución positiva de Alemania y, de otra, la agenda despejada para podernos centrar en la defensa que había que realizar ante el juzgado de Edimburgo. Las sorpresas no faltarían.

8

Escocia

Desde que Clara tomó la decisión de trasladarse a St. Andrews sabía que allí tendríamos un nuevo campo de batalla que, en mi opinión, desde una perspectiva jurídica no era el ideal dentro de lo que actualmente es el Reino Unido, pero que, sin duda, tenía otras ventajas de todo tipo.

El equipo jurídico en Escocia estaba dirigido por Aamer Anwar y compuesto por los *barrister* Clair Mitchell y Gordon Jackson; cada uno de ellos tenía un perfil distinto pero entre todos hacían un equipo a prueba de balas y eso era lo importante. Aamer era la cara visible del equipo, como suele suceder en el Reino Unido, donde ese papel le corresponde al *solicitor*.

La coordinación la hemos llevado siempre entre Aamer y yo, sin perjuicio de las reuniones de equipo que hemos mantenido en Edimburgo. Con Aamer es fácil trabajar, especialmente si uno es capaz de seguirle el ritmo porque es hiperactivo, enfermedad o cualidad con la que me siento muy identificado, por lo que desde un comienzo la cosa funcionó bien.

Aamer tiene una gran experiencia en casos de amplia repercusión mediática y este no solo era uno de esos sino que, además, era necesario realizar un gran esfuerzo de sensibilización y acompañamiento de toda la estrategia jurídica, que en Escocia no era difícil; al mismo tiempo, tenían que encajar con lo que se estaba haciendo en otros países y, finalmente, con el reingreso en el procedimiento español de todo ello.

Lo que Llarena desconocía, y sus asesores también, era que por la forma en que se desarrolla el proceso de OEDE y de extradiciones en el Reino Unido el juicio en Escocia se podía transformar en una auténtica pesadilla, ya que, básicamente y en función de los puntos o líneas de defensa, las partes pueden y deben sostener sus posturas a través de pruebas testificales y periciales a practicar oralmente ante el juez encargado del proceso. Dicho de otra forma: podíamos hacer un juicio al procedimiento español y someter a prueba todo lo que se alegaba por parte de España para reclamar la entrega de Clara.

Lo primero que se hizo fue establecer esas líneas generales de defensa, para luego desmenuzarlas en las cuestiones puntuales y, sobre esa base, ver qué tipo de expertos y testigos queríamos llevar al juicio. El esquema era sencillo y, a diferencia de lo que se estaba alegando tanto en Alemania como lo previsto en Bélgica y Suiza aquí se introduciría, también, el derecho de autodeterminación, que desde una perspectiva exclusivamente técnica y de recorrido de futuro era el punto que menos me convencía, pero visto desde la perspectiva escocesa tenía mucho sentido, tanto que se fue transformando en eje central de la estrategia, incluida la comunicacional.

Seguimos un parámetro similar a lo hecho en Bélgica y Alemania en cuanto a selección de documentación, traducción de la misma e introducción al procedimiento; la gran diferencia era que esas evidencias documentales solo servían de introducción de los diversos temas pero sería oralmente, a través de testigos y expertos, como se sometería a valoración del juez llegado el momento.

Aamer y yo comentamos mucho el éxito conseguido en Bélgica con el Bob-Dogi, pero, una vez analizado con Clair y Gordon quedó claro que allí tendría poco recorrido, por lo que descartamos incluirlo como línea de defensa y nos centramos en ir al fondo del asunto.

En paralelo a la defensa jurídica, Aamer, a través de sus contactos, iba tejiendo una red de apoyo tanto político como social y mediático que estaba transformando este juicio en algo de elevada relevancia en el panorama escocés. Ello nos beneficiaba porque, en definitiva, si había algo que no encajaba ni encaja de toda esta serie de reclamaciones extradicionales por parte del Supremo es que se haga por delitos que no son siquiera comprendidos como tales en las jurisdicciones a las que se les pide su cooperación.

Hablarle a un escocés de una rebelión con actos como los del 1-O es una auténtica tomadura de pelo o, simplemente, desconocer la historia de ese país; ningún escocés podía comprenderlo, y mucho menos lo haría un juez que no podía encontrar precedentes en la jurisprudencia civil escocesa y solo alguno, muy excepcional, en la jurisprudencia militar en tiempos de guerra.

Tal cual se hizo en Bélgica, Aamer se puso en contacto por adelantado tanto con la Policía como con el Crown Office and Procurator Fiscal Service (COPFS) —la Fiscalía— para dejar ver que Clara no solo no estaba prófuga de la justicia sino que era residente legal en Escocia y reconocida profesora de la Universidad de St. Andrews, de modo que no existía ningún tipo de riesgo de fuga ni necesidad de detenerla en los términos que en España entendemos por detención.

Como ocurre en muchos países de nuestro entorno, una interpretación estricta de la Directiva Comunitaria de Euroorden conlleva que cada uno de estos procedimientos se inicie a partir de la localización y detención del reclamado, por lo que, para dar comienzo al mismo, es necesaria la materialización de la detención. Como demostramos ya en Bélgica, esta puede perfectamente ser preacordada.

Obviamente, en estos casos estamos hablando de una «detención formal» que no requiere ni que a uno lo saquen de madrugada de su casa, ni que le esposen ni le sometan a ningún tipo de escarnio o pena de banquillo, por lo que se pactó día, hora y lugar en el cual debía presentarse Clara para proceder a su detención y posterior puesta a disposición judicial... lo mismo que ya habíamos hecho y que tan buen resultado nos había dado.

El 28 de marzo por la mañana, Clara y Aamer se presentaron en la comisaría de St. Leonards (Edimburgo) para que le fuesen leídos sus derechos e iniciar los trámites de puesta a disposición judicial; algunos medios españoles hablaban de la detención, del final de la fuga, del éxito que implicaba esto en relación con la reciente detención en Alemania del president Puigdemont y un sinfín de teorías que, nuevamente, reflejaban más los deseos que la propia realidad.

Nosotros sabíamos, pero no podíamos decirlo, que esto no era más que la puesta en funcionamiento de nuestra estrategia; por tanto, la tranquilidad era absoluta sin perjuicio de que siempre algo, por muy bien organizado que esté, puede salir mal.

Como todo estaba bien organizado, explicado a las autoridades y expuestos los argumentos, ese mismo día Clara fue conducida ante el juez que decidiría sobre su situación personal y, posteriormente, sobre su extradición. Ese mismo día quedó en libertad con la obligación de permanecer en el Reino Unido; un error interpretativo de algunos medios hizo que se pensase que había quedado en libertad bajo fianza pero eso no fue más que una equivocada interpretación del término *bail*, que hace referencia a muchas medidas cautelares, no solo a la fianza.

Era una primera victoria en Escocia que se sumaba a la obtenida en Bélgica en diciembre de 2017 y a la que se agregaría pocos días después la puesta en libertad, esta vez sí bajo fianza, del president Puigdemont y la de los consellers residentes en Bélgica. Todo ello se podía interpretar, y así se hizo, como una nueva derrota de Llarena y su disparatada estrategia internacional... si es que existía tal cosa.

Pensar que Clara podía quedar en prisión provisional era, simplemente, un acto de voluntarismo o un desconocimiento absoluto de cómo se utiliza la prisión provisional en los países con tradición democrática: se trata del último recurso y para casos muy excepcionales.

A partir de la puesta en libertad de Clara comenzaban, oficialmente, a correr los diversos plazos para ir estructurando su defensa; la gran diferencia entre el sistema escocés y el continental es que los plazos no están tasados o predeterminados y se van acordando entre las partes, sobre todo en función de la agenda del juzgado, por lo que la primera comparecencia, de marcado carácter procedimental, se fijó para mediados de abril. Nadie tenía prisa y eso era evidente.

Quien tenía el peor de los papeles no era el juez sino el fiscal que, por imperativo legal, era quien representaría a España, cosa que, estoy seguro, no le hacía mucha gracia en un caso tan artificioso como este; de hecho su gran drama era cómo encajar los hechos propuestos por Llarena en su tristemente famoso auto de procesamiento en algún tipo penal existente en Escocia y, luego, cómo encontrar un precedente que no estuviese vinculado con algún tribunal en tiempos de guerra. Nosotros, a esas alturas, nos pedíamos ración doble de palomitas.

Durante todo el mes de abril se produjeron una serie de descoordinaciones entre los diversos equipos jurídicos en los diferentes países en que estábamos operando y ello se debió, como inmediatamente detectamos, al exceso de entusiasmo que todos teníamos, que llevó a que en determinados momentos se estuviesen gestando dos o más centros de almacenamiento de documentación, que se entrecruzasen instrucciones o que se «bilateralizasen» algunos trabajos que debían ser compartidos por todos los equipos. Detectado el problema, procedimos a reunirnos todos, repasar los protocolos de actuación y establecer las vías de comunicación que garantizasen que esto no volviese a suceder y, sobre todo, que se evitase la pérdida de energías, recursos e incluso información, necesarias en las diversas jurisdicciones en que estábamos operando; ahí fue clave el papel de Meritxell Serret, que supo organizarnos a todos y establecer un sistema único con el cual trabajar.

A lo largo de abril, mayo, junio y julio se sucedieron diversas vistas procedimentales que siempre generaban más expectación mediática que problemas jurídicos, porque para entonces quien tenía un auténtico problema era el fiscal escocés que no sabía, y sigue sin saber hasta ahora, cómo encajar los hechos de Llarena en el Derecho escocés. Por nuestra parte, lo que íbamos haciendo era centrar los puntos de pericia que queríamos abordar y los expertos a los que queríamos llevar para el juicio, que ya a mediados de mayo quedó señalado para celebrarse en dos fases: la primera iría del 30 de julio al 9 de agosto, y la segunda del 27 de agosto hasta terminarlo. Nunca me quedaron claras las razones por las cuales se produciría esa pausa entre una y otra fase, con independencia de lo bien que me venía para intentar organizar unas breves vacaciones con Isabel, Elena y aquellas de mis hijas mayores que terminasen sumándose.

Uno de los problemas o realidades que han de asumirse cuando los hijos se van haciendo mayores es que comienzan a tener agenda propia y eso afecta a su disponibilidad, o sus deseos de pasar las vacaciones con los padres. Nosotros, siempre que se puede, tratamos de coincidir, aunque sea parcialmente para hacer vida en familia. Esta vez lo intentaríamos.

Usando todos los medios técnicos a nuestro alcance fuimos trabajando en cada uno de los aspectos de la defensa escocesa del caso, pero ya se hacía imprescindible una reunión presencial que nos costó más de una semana encajar en las agendas de Aamer, Clair, Gordon, Clara y la mía propia; finalmente la logramos para el 31 de mayo en Edimburgo, lo que me facilitaba mucho el viaje desde Madrid.

Nos reunimos en un ala del Palacio de Justicia habilitada para el trabajo de los abogados, que tenía todas las condiciones necesarias para poder trabajar con tranquilidad, discreción y eficiencia; en los países europeos son los Tribunales los primeros interesados en que los abogados podamos desarrollar nuestro trabajo en condiciones como parte de la garantía del derecho de defensa. Lo resalto porque nunca deja de sorprenderme el trato que se nos da a los abogados más allá de los

Pirineos. En España, por el contrario, sigue primando el atavismo procedente del sistema inquisitorial, en el cual el juez asumía todas las funciones. No son pocas las veces en que he tenido la sensación de que los abogados, simplemente, incordiamos a algunos jueces; obviamente cualquier generalización es injusta, pero no son pocos los que se aproximan de esa forma a la abogacía, con el peligro que ello conlleva para una aplicación democrática del Derecho.

El primero en llegar fui yo, y a los pocos minutos Clara, que, a diferencia de Toni, siempre es muy puntual; luego llegó Aamer con un compañero de su despacho y, para mi sorpresa porque no la vi entrar, Clair nos estaba ya esperando dentro. Gordon se uniría más tarde a través de videoconferencia porque le había surgido un imprevisto profesional.

Como la agenda de trabajo la habíamos acordado previamente fue muy sencillo ir al grano y proceder con un orden muy claro: el que se seguiría en el juicio para, al final, revisar listados de posibles expertos y de testigos que serían útiles para desmontar el proceso que se seguía en España. Como he contado, esa es una de las agradables particularidades que tiene el proceso extradicional en Escocia y también en el Reino Unido, dato con el que no contaban Llarena ni sus asesores... si es que los tenía.

En cualquier caso, el primer punto del orden del día nos llevó algo más de lo previsto porque consistía en un informe sobre la situación del procedimiento en España y en las restantes jurisdicciones; para entonces ya teníamos el Bob-Dogi en Bélgica, que, como no se iba a utilizar en Escocia, fue un repaso bastante resumido, más de análisis e impresiones que de detalles. Donde era inevitable extenderse era en la situación en Alemania, toda vez que allí aún estábamos pendientes tanto del escrito final del fiscal como del que deberíamos presentar nosotros.

Aparte de estar pendientes del fiscal en Alemania, sí había algunos temas que eran muy relevantes a efectos de la defensa en Escocia: tenían que ver con cómo Llarena y sus padrinos se estaban volcando en el proceso seguido en Alemania. Para ellos esto era de una relevancia política y mediática muy elevada: donde sin duda necesitaban ganar para consolidar las tesis acusatorias del Supremo.

Este tipo de reuniones, y en casos como este, no solo sirven para trabajar y poner las ideas y la documentación en común, así como para la asignación de tareas y el establecimiento de fechas de entrega de las mismas, sino también, y muy especialmente, para aprender mucho. Yo no iba a desperdiciar una ocasión así y los compañeros escoceses, a la vista de todo lo hablado, tampoco.

Isabel y yo, en nuestro despacho, insistimos mucho en la necesidad de formación continua y en que la diferencia entre un buen y un mal abogado la marca, en gran medida, el grado de especialización y el aprendizaje constante; en materia extradicional, en derecho internacional y en cuanto a los litigios estratégicos que llevamos, mantenerse en constante proceso de aprendizaje es una obligación.

En las horas que duró la reunión no solo aprendí cómo trabajaban los compañeros escoceses y cómo era el procedimiento extradicional escocés en la práctica, sino también y muy especialmente, sobre las diversas técnicas para la proposición y la práctica de pruebas en dicho procedimiento, así como en cuanto a la técnica de interrogatorio que habría de utilizarse. Todo era aprender y eso no tiene precio.

A media tarde decidimos movernos a una sala situada en un edificio contiguo y tomarnos un té mientras seguíamos con los detalles de la defensa. Fue entonces cuando comenzamos a analizar las testificales y periciales a proponer; ahora ya se trataba de poner nombres y apellidos y de temas que deberíamos abordar a través de esos testigos y peritos que propusiésemos.

La temática era muy variada e iba desde el contexto político del caso hasta detalles técnicos que solo podían y debían ser abordados desde la más estricta profesionalidad. La lista comenzó siendo larga, porque primero era una suerte de «tormenta de ideas» para, posteriormente, irse perfilando lo más posible. Salimos de esa reunión con una detallada lista de nombres a los que deberíamos localizar y contactar en las semanas siguientes.

Fue entonces cuando tuve que poner sobre la mesa un tema no menor que en principio sorprendió a los compañeros escoceses: el juicio sería en agosto y en ese mes nos resultaría muy difícil conseguir que la gente estuviese dispuesta a acudir y más aún a Escocia. Junto con lo anterior estaba el otro inconveniente: ¿Quiénes estarían dispuestos a declarar en el juicio de Clara Ponsatí y hacerlo en sentido contrario a la tesis oficial que planteaba el Tribunal Supremo?

En cuanto a lo de agosto la solución era obvia: teníamos que intentar hacer esas declaraciones por videoconferencia para que los testigos y peritos que así lo deseasen no tuviesen que desplazarse a Escocia; esa solución no solo era buena sino que, además, nos permitía rebajar los costos de la defensa, puesto que esos gastos, mientras no se resuelva el procedimiento, los ha de asumir la parte que los propone.

En cuanto a la disposición a declarar la cosa era más compleja porque buscábamos un perfil muy determinado de testigos y/o peritos: que no fuesen catalanes (para dotarlos de la máxima imparcialidad y credibilidad y, de esa forma, evitar un ataque defensivo por parte del fiscal escocés), que tuviesen un reconocido prestigio en su ámbito profesional, que no tuviesen una significación política clara (para que no pudiesen ser cuestionados) y, finalmente, que pensásemos que estarían dispuestos a declarar.

Siguiendo estas pautas nuestra lista se depuró bastante, pero aun así seguía siendo extensa y nos permitía una defensa muy sólida. Cuando fuimos contactando a los candidatos la lista se volvió a reducir y en la mayoría de los casos en que declinaron colaborar fueron muy claros: no podían hacerlo porque pensaban que les perjudicaría profesionalmente, motivo que todos respetamos.

Como medida de protección no propusimos ninguna lista

al Tribunal hasta que todos y cada uno de los contactados nos diese su visto bueno; no queríamos poner a nadie en la compleja situación de aparecer públicamente decidiendo si aceptaría o no declarar en un juicio de estas características.

Existía otra lista de testigos que no teníamos que citar nosotros sino el propio juzgado, testigos institucionales para probar una serie de hechos que resultaban significativos de cara a nuestra línea de defensa; esa lista es una auténtica bomba porque pondría contra las cuerdas a muchos que han hablado más de la cuenta. Por razones obvias no desvelaré los nombres, toda vez que, estoy convencido, en algún momento se producirá una nueva reclamación por parte del Supremo y eso nos obliga a mantener reserva sobre datos que, llegado el momento, utilizaremos.

Las semanas siguientes serían muy intensas porque contactar a cada uno de los testigos y peritos que queríamos proponer implicaba, entre otras muchas cosas, conseguir sus datos de contacto, localizarles y, en frío y sin anestesia, plantearles el motivo de la llamada. Se fue avanzando poco a poco pero con un consumo de tiempo irrecuperable que se solapaba con el trabajo que se estaba haciendo contra reloj, en Alemania, que más reposadamente se tenía que estructurar en Bélgica con la clara intención de salir al contraataque.

Después de terminar el trabajo, ya avanzado el 31 de mayo, Aamer regresó a Glasgow, Claire se fue a su casa y Clara y yo dimos un paseo por Edimburgo para buscar un sitio donde cenar. Mientras caminábamos no eran pocos los escoceses que la reconocían, así como los catalanes que se acercaban a saludarla. Esta experiencia me ha sucedido en más de una ocasión cuando he ido por Bruselas con alguno de los consellers o por Berlín con el president Puigdemont. En este último caso no solo se acercan catalanes a saludar, sino también muchos alemanes, porque una de las consecuencias del exilio es que el caso de Catalunya y la persecución de sus políticos ha terminado conociéndose con bastante detalle. El president Puigdemont ha ocupado las portadas de grandes medios y los telediarios de las principales cadenas de televisión, llegando, como luego se verá, a ser elegido uno de los personajes de 2018 por uno de los principales diarios alemanes. Lo mismo ha sucedido con Clara.

Finalmente encontramos un sitio donde cenar, que allí se hace relativamente temprano, y nos sentamos a hablar de lo humano y lo divino mientras degustábamos una comida típica escocesa, mucho mejor de lo que la califican quienes no conocen bien esos países.

Clara es una persona de la que siempre se aprende; sobre todo me encanta el equilibrio que tiene entre el carácter latino y el anglosajón: no hay pliegues ni decorados, dice lo que piensa y siempre piensa lo que dice pero, sobre todo, hace las preguntas exactas en el momento preciso y no se le puede dar gato por liebre. Es por eso que sentarme a hablar con ella me encanta y, muchas veces, bastan escasos minutos para aclarar temas pendientes porque ella no da rodeos y tampoco los espera, lo que facilita mucho las cosas.

Al terminar de cenar —en términos españoles y por la hora igual solo era la merienda—, acompañé a Clara a la estación de trenes porque debía regresar a St. Andrews, y de ahí caminé hasta mi hotel para descansar algunas horas puesto que regresaría a Madrid en el primer vuelo de la mañana. Tenía la clara sensación de haber avanzado mucho y llevaba una lista larga de deberes a completar en las próximas semanas.

Al llegar al hotel me senté en una suerte de patio interior, llamé a Isabel y mientras iba hablando con ella me pedí un whisky, escocés claro está, con el cual premiarme por un día que había sido bastante intenso. No soy gran bebedor pero un buen whisky de malta es algo que no podía rehuir.

Lo que entonces no sabíamos era que todo ese trabajo terminaría siendo inútil o, mejor dicho, que no podríamos usarlo, por ahora, gracias al nuevo ataque de pánico que sufriría Llarena. En cualquier caso, lo que no se puede hacer es trabajar en función de la mayor o menor estabilidad emocional de un juez que, desde el comienzo, ha actuado basado en criterios políticos y no jurídicos. Nosotros teníamos que hacer nuestro trabajo y así se hizo.

A partir de ese viaje a Escocia otro de los temas que debíamos abordar era la propia logística del juicio, que, como se ha dicho, duraría dos semanas a partir del 30 de julio y luego un mínimo de otras dos a tres semanas a partir del 27 de agosto. No solo había que encontrar vuelos sino, sobre todo, alojamiento que no implicase un coste excesivo y que contase con todas las facilidades para poder trabajar en los ratos libres; además, por las fechas, la idea que teníamos Isabel y yo era conciliar las obligaciones profesionales con el cuidado de nuestra hija, que en esas fechas estaría de vacaciones.

Poco a poco fuimos resolviendo los aspectos técnicos del juicio, afinando lo que había que hacer y también ordenando los temas logísticos para saber a qué atenernos en lo profesional y en lo familiar. Así y todo, seguíamos sin cerrar cómo organizar nuestra estancia en Escocia, tema que, como se verá, fue resuelto con increíble eficiencia en un nuevo arrebato de Llarena, aunque eso no lo sabríamos hasta avanzado julio.

El juicio de Escocia me gustaba y me sigue gustando mucho porque estoy convencido de que, cuando sea que tengamos que celebrarlo, de su desarrollo saldrán grandes beneficios no ya para Clara, porque lo ganaremos, sino muy especialmente para el conjunto de la estrategia de defensa y, sobre todo, de cara al objetivo final, que Toni con mucho acierto ha denominado «el rescate».

9

La traición de Alemania

Desde el 25 de junio, cuando presentamos nuestro escrito de oposición al fiscal de Schleswig-Holstein, la tensión iba creciendo ante el silencio del Tribunal alemán; en realidad no existía tal silencio, nosotros manteníamos contactos regulares, casi diarios, con el Tribunal y, por eso, sabíamos que o bien teníamos resolución antes del 21 de julio o ya después en agosto. Lo que sí era claro es que estábamos sometidos a una gran presión, porque de ese resultado dependían muchas cosas y, además, porque informativamente era algo que los medios esperaban como agua de mayo; por tanto no paraban de llamarnos a diario para intentar saber lo que nosotros pudiésemos saber e, incluso, deducir de nuestros comentarios cualquier brizna que permitiese intuir por dónde iban los tiros.

Aparte de estar pendiente de Alemania, había otros muchos temas que requerirían mi atención y que no me permitían bajar el ritmo, por lo que el lunes siguiente a dejar presentada la oposición salí nuevamente de viaje, esta vez a Palestina por cuatro días.

Inicialmente tenía prevista, para el 4 de julio, una vista oral ante la Gran Cámara del Tribunal Europeo de Derechos Humanos por el caso de las devoluciones en caliente, pero el cambio de Gobierno en España motivó que su agente ante dicho Tribunal solicitase un aplazamiento por si el nuevo Gobierno de Pedro Sánchez, en coherencia con lo dicho y hecho cuando era oposición, quisiese modificar su postura. El Tribunal accedió a la solicitud aplazando la vista para mediados de septiembre… aplazamiento que luego se demostró inútil porque el Gobierno, ningunenado la postura de la nueva ministra de Justicia y siguiendo el criterio del ministro del Interior, siguió el itinerario marcado por el Ejecutivo de Rajoy.

Hasta hace un tiempo viajaba a Palestina a través del aeropuerto Ben Gurion de Tel Aviv, pero las autoridades de Israel me fueron poniendo cada vez más trabas para ello, por lo que ahora solo viajo a través de Jordania, con el consiguiente engorro y pérdida de tiempo. Primero hay que volar a Ammán, luego hacer noche allí para, temprano a la mañana siguiente, acercarme al cruce fronterizo del puente de Allenby, donde, tras unas cuantas horas, se logra cruzar al lado palestino y, desde ahí y pasando por Jericó, hasta Ramallah por carretera. Las distancias no son largas pero el recorrido burocrático es muy tortuoso y solo comprensible desde la lógica que conlleva la ocupación militar de un país. Mi viaje a Palestina duró dos días más de lo necesario solo por los problemas que me generan las autoridades de Israel.

Nada más regresar de Palestina, Isabel y yo viajamos nuevamente a Berlín para reunirnos con los Schomburg, con el president Puigdemont, con algunos de sus asesores y con diversas autoridades alemanas. Fue un viaje muy intenso y breve porque salimos el viernes por la mañana, más bien de madrugada, y regresamos el sábado también por la mañana.

El objetivo no era otro que, aún a la espera de la resolución, valorar posibles escenarios y actuaciones en función de los potenciales marcos que se generasen a partir de cómo resolviese el Tribunal de Schleswig-Holstein. Fue uno de los días más calurosos del año en Berlín y cuando allí la temperatura aprieta se hace muy desagradable: nada, absolutamente nada, está preparado para el calor y eso se dejaba sentir y hacía más agotadora una jornada ya larga.

Teníamos claras varias cosas: era muy difícil que el Tribunal admitiese como delictivos los hechos presentados por

Llarena, al menos en cuanto a rebelión o desórdenes públicos. De sedición ni hablábamos porque estaba derogada dicha norma, pero pensábamos que era posible que mantuviesen su criterio respecto a la malversación, incardinable dentro de una genérica denominación de corrupción, lo que nos llevaba a un «delito catálogo» y permitía la entrega solo por ese hecho. Las dudas comenzaban al momento de valorar la situación personal del president Puigdemont, es decir, si en caso de una entrega parcial permanecería en libertad provisional o no mientras se sustentaban los recursos que habría que interponer. Nuestras opiniones estaban divididas entre los que creíamos que se mantendría y los que pensaban que podían modificarlo enviándole a prisión.

Existía un escenario ideal, un rechazo de todos los hechos y por todos los delitos, pero ahí no era necesario hacer grandes planes; más bien nos limitamos a explicarle al president Puigdemont que de ocurrir eso habría que regresar a Bélgica. No queríamos hacernos excesivas ilusiones pero ante un trabajo que —está mal que lo diga yo mismo— estaba tan bien hecho era imposible no pensar que fuesen a darnos toda la razón. En cualquier caso, todos pensábamos que el escenario sería intermedio y muy en la línea de la decisión dictada el 5 de abril de 2018.

Después de regresar de Berlín tuve que encerrarme a preparar un juicio que tendría en Zaragoza y, al mismo tiempo, hacer un viaje relámpago a Bruselas, pues para entonces ya estaban surgiendo temas en relación con la demanda civil que le habíamos presentado a Llarena en Bélgica el 5 de junio de 2018.

Esa demanda, que fue objeto de tantas burlas, no solo comenzó a tener el recorrido previsto, sino que incluso ahora, por la torpeza del Tribunal Supremo, está teniendo un recorrido que nunca se previó: está generando un marco jurídico que algún día será valorado en su justa dimensión. Fui y volví a Bruselas en el día, regresando bastante tarde, vía Frankfurt, para salir a la mañana siguiente, muy de madrugada, por carretera a Zaragoza. Rocío, la compañera de despacho que iba conmigo, me iba hablando incesantemente, nunca he sabido si por sus nervios o por mantenerme despierto; en todo caso, su monólogo me sirvió para mantener la atención mientras conducía.

Por esas cosas que nunca terminaré de comprender del todo, el juzgado de Zaragoza había señalado juicio para miércoles, jueves y viernes, y eso me obligaba a ir y venir cada día porque no podía quedarme en esa ciudad los tres días a causa del cúmulo de trabajo y compromisos que tenía en Madrid. Fueron tres viajes, en una semana, entre Madrid y Zaragoza.

Lo relevante no fue el juicio de Zaragoza sino que ese miércoles, mientras estaba en sala, me llegó un mensaje urgente de Wolfgang Schomburg indicándome que ya había resolución y que necesitaba hablar conmigo. Como la jueza no parecía querer hacer un receso lo provoqué pidiendo autorización para ir al baño; la magistrada decidió interrumpir la sesión por espacio de media hora, tiempo que se me hizo casi inexistente.

Llamé a Wolfgang Schomburg pero comunicaba, así que lo intenté con Sören, quien me dijo que en mi mail estaba notificada la resolución; como no tenía tiempo ni para leerla le pedí un resumen que él, muy germánicamente, realizó con exquisita corrección, tanto en los hechos como en el Derecho. La situación era muy clara: el Tribunal Superior de Schleswig-Holstein había decidido rechazar la entrega por los delitos más graves y acordaba declararla admisible por malversación, por considerarla «delito de catálogo». Esto era algo que preveíamos como posible desde la resolución del 5 de abril de 2018.

Nada más colgar con Sören llamé al president Puigdemont, luego a algunos de sus colaboradores más cercanos y, de ahí, a Toni, Isabel y Clara, dejando para la finalización del juicio las llamadas a Meritxell, Lluís, Christophe, Aamer y Wolfgang Kaleck, pues me estaban llamando para entrar a sala.

En esas condiciones tuve que centrarme en un interrogatorio clave del juicio que estaba celebrando en Zaragoza, pero era evidente que la mente la tenía en dos o más sitios a la vez y que, hasta finalizar la sesión, no podría hacer otra cosa que centrarme en el juicio en que estaba. Luego, consultándolo con Rocío, me quedé más tranquilo porque me dijo que no se notó el desdoblamiento profesional en el que me encontraba en esos momentos.

Nada más salir del juicio comprobé que tenía cerca de cincuenta llamadas perdidas de periodistas, amigos y varias de Christophe. Comencé a devolverlas partiendo por este, luego hablé con Aamer, después con Wolfgang Schomburg para valorar opciones, y finalmente comencé a contestar las llamadas perdidas de amigos y periodistas que me consumieron todo el viaje de regreso desde Zaragoza a Madrid. Menos mal que tengo un buen manos libres en el coche y que mi compañera tiene paciencia, o igual preferiría que hablase por teléfono a que me fuese durmiendo mientras conducía.

Al llegar al despacho nos reunimos Isabel y yo para valorar los escenarios posibles, los plazos de recurso y las reacciones que se podrían generar desde el Supremo; a todo eso había que añadir que el martes siguiente teníamos que ir por tres días a Bristol para la graduación de la segunda de mis hijas, que acababa de terminar allí la carrera de Derecho. Era un momento y compromiso familiar inaplazable.

Schomburg y yo ya habíamos acordado lo que haríamos: primero pedir una aclaración sobre unos términos de la resolución y luego agotar el plazo para recurrir presentando nuestro recurso el último día permitido. Teníamos tiempo para ello ya que en la propia resolución el Tribunal de Schleswig-Holstein acordaba que el president Puigdemont permaneciese en libertad hasta finalizar el procedimiento.

En paralelo, acordamos con el president Puigdemont y sus colaboradores más cercanos reunirnos el fin de semana del 14 de julio en un lugar de Schleswig-Holstein donde él estaba residiendo para valorar la situación, explicarle lo que haríamos, calcular los tiempos y tratar de que ellos encajasen su actividad política en la agenda judicial que se nos abrió con esa resolución.

Esa misma tarde comenzó a surgir, desde el Tribunal Supremo, un nuevo relato, mejor dicho un *revival* del ya conocido de la cuestión prejudicial ante el Tribunal de Justicia de la Unión Europea; fue justo en ese momento cuando fuimos plenamente conscientes de que, una vez más, habíamos derrotado a Llarena, en particular, y a la Sala Segunda del Supremo en general. Era incuestionable que la denegación de la entrega por rebelión era un golpe en la línea de flotación de la disparatada tesis acusatoria de Llarena, tantas veces avalada por la Sala de Apelaciones y por el conjunto de la Sala de lo Penal del Supremo.

No era que el relato no se sostuviese, por las razones que he mencionado ya tantas veces, sino que de él surgía la evidencia de nuestro éxito; fue así como comenzamos a colonizarles el imaginario de cara a lo que sucedería a partir de ese momento. No era solo que hubiésemos ganado, sino que, además, lo habíamos hecho allí donde ellos estaban convencidos de ganar y por razones de un peso jurídico incuestionable. Ya no eran los belgas los que los maltrataban, en esta ocasión lo hacían esos malditos teutones.

En resumidas cuentas, el Supremo y el nacionalismo español pasaron de la euforia del 25 de marzo al hundimiento emocional de ese 11 de julio, con escala intermedia en el revés «provisional» del 5 de abril con la puesta en libertad del president Puigdemont. Ahora nos costaba no pasarnos de frenada y aparecer con excesivo triunfalismo, aunque en realidad a esas alturas daba lo mismo porque nuestra estrategia jurídica y el trabajo legal realizado había tenido como resultado el mayor de los logros posibles: en la cuna del derecho penal moderno se había determinado que los hechos de Llarena y del Supremo no solo no eran delictivos sino que eran los propios del ejercicio de las libertades reconocidas en cualquier sistema democrático, obligado a tolerarlos si quería seguir considerándose como tal.

Subidones de adrenalina aparte, no había tiempo que perder y necesitábamos traducir esa resolución alemana a marchas forzadas tanto al inglés, para Aamer y Clara, como al francés, para Marc y Marta; el tiempo corría y no se podía perder ni un minuto. Contacté con Meritxell y después de explicarle la resolución y enviarle copia le pedí que la enviase inmediatamente a traducir. La ultra urgente era al inglés y la urgente al francés porque en Suiza, si bien se necesitaba en francés al estar Marta en Ginebra, una copia en alemán bastaba para una primera aproximación al tema.

Por teléfono hice un resumen de la decisión a Aamer, quien a pesar de las diferencias entre el sistema continental y el de Escocia asumió, inmediatamente, la importancia que una resolución de estas características podría tener en el juicio que se iniciaría en tres semanas en Edimburgo.

Esa semana se me pasó volando, entre el juicio en Zaragoza y el resto de compromisos no me di cuenta de que ya era sábado y, sin solución de continuidad, me tuve que ir a Schleswig-Holstein para reunirme con el president Puigdemont, sus más cercanos colaboradores y con Wolfgang y Sören Schomburg. Era necesaria una detallada valoración de la situación, los pasos a seguir y, sobre todo, los tiempos con los que contaba.

El sábado cogí un vuelo a mediodía a Frankfurt para hacer transbordo a otro vuelo a Hamburgo, desde donde me movería en coche de alquiler; a diferencia del 26 de marzo, cuando viajé con Jaume Cuevillas y Anna, en esta ocasión no llevaba prisa; nuestra reunión era el domingo a primera hora.

Al llegar a mi destino ya había anochecido, y me encontré con Jami y el president Puigdemont, con quienes conversé un rato. Luego me acosté y quedamos para la mañana siguiente. A las seis de la mañana me duché, me vestí y bajé a desayunar.

En España me acostumbré a desayunar solo café, pero los atavismos son muy poderosos y no hay quien se resista a un buen desayuno germánico, menos aún uno de campo que incitaba a probarlo todo, al menos todo aquello que tengo permitido comer. Mientras desayunaba leí la prensa y, al poco tiempo, entraron a desayunar el president Puigdemont y su seguridad, a quienes conocía de otras ocasiones. Inmediatamente comenzamos a revisar temas de cara a las reuniones del día.

Después de desayunar el president Puigdemont y yo salimos a caminar y me fue guiando hasta un cercano cementerio que le había llamado la atención. En él había unas tumbas de personas muy jóvenes que habían muerto en fechas muy concretas, lo que no dejaba de recordarme que en Alemania la memoria histórica no solo está asumida sino incorporada a la vida diaria de las generaciones actuales.

El president Puigdemont iba mostrándome distintos detalles del paisaje y dándome explicaciones sobre cosas que eran muy dignas de destacar, como lo que había tenido que representar tantas muertes de tanta gente joven en unas mismas fechas o, desde otra perspectiva, el hecho de que en esa zona de Schleswig-Holstein no se viesen cables de ningún tipo porque habían sido soterrados para una mejor conservación del paisaje; tanto era así que, si no fuese por algunos coches que se divisaban a la distancia, bien podíamos imaginarnos estar en el siglo XVIII o XIX; el paseo nos hizo bien a ambos, tanto para hablar de diversos temas como para acercarnos a una realidad que, de no haber sido por su detención, seguramente nunca hubiésemos conocido.

También hablamos de nuestras respectivas hijas, de edades muy similares, y cómo de diferente son sus vidas a las que vivimos nosotros a esas edades y lo mucho que nos preocupa que crezcan con una adecuada formación y valores que, muchas veces, escasean en los últimos tiempos.

Al poco de regresar llegaron los colaboradores más cercanos del president Puigdemont y nos sentamos en un jardín a comentar diversos temas hasta que llegaron los Schomburg; a partir de ese momento nos ubicamos en una sala de reuniones de donde no nos moveríamos hasta la hora de comer.

Los temas revisados fueron muchos y, ya en esos momentos, sugerí la posibilidad de que Llarena retirase la Euroorden a causa da la justificada sensación de fracaso que se iba apoderando tanto de él como de sus padrinos. En otro momento, con casi toda seguridad, tanto Wolfgang como Sören hubiesen descartado este escenario, pero a esas alturas del procedimiento Wolfgang fue lapidario: «En España puede pasar de todo... hasta lo imposible, por lo que es bueno tener esta posibilidad presente».

Informamos al president Puigdemont y al resto de los presentes de cada uno de los escenarios y de lo previsto para cada situación, y les hicimos una aproximación en tiempos de implementación de cada iniciativa. Las preguntas de todos ellos no fueron pocas, pero gracias al tiempo que llevábamos trabajando juntos las respuestas las fuimos dando, sin previo concierto, de forma coordinada entre los tres abogados presentes; incluso parecía que unos complementábamos a los otros y viceversa... Era un trabajo en equipo.

Aclaradas todas las dudas, y como corresponde a una buena jornada de trabajo, nos trasladamos hasta un cercano restaurante típico de la zona donde dimos cuenta de una excelente comida local, que finalizó con exceso de azúcar a la hora de los postres. Yo no tomo dulces, por lo que me fui directamente al café, pero sigo teniendo presente la imagen del resto de comensales enfrentados a grandes postres que habrían hecho las delicias de mis hijas.

Después de la comida volvimos al lugar de reuniones y llamamos un taxi que llevase a los Schomburg de regreso a la estación de tren para volver a Berlín; cuando ellos se fueron, nos instalamos en una sala de televisión para ver la final del mundial entre Francia y Croacia; a pesar de que no soy un gran aficionado ni entendido en fútbol, una final es una final.

Después del partido reanudamos la jornada de trabajo y avanzamos más sobre un tema que habíamos visto por la mañana, pero en el que era necesario insistir en la valoración y en el cauce de actuación: ¿qué pasaba y qué consecuencias tendría si Llarena retiraba la OEDE?

Dar respuesta a esa sola pregunta nos consumió el resto de la tarde, pero pocos días después se demostraría que había sido tiempo bien invertido, aunque en esos momentos no era más que una especulación sobre la que diseñar un escenario posible y las formas de abordarlo… formato de trabajo que hemos usado mucho en todo este tiempo.

Sobre las cuatro de la mañana del lunes 16 de julio de 2018 salí en coche, de de noche aún cerrada, hacia Hamburgo, donde tomé el primer vuelo de regreso a Madrid. Allí tenía varias reuniones que había ido moviendo por los distintos viajes pero que eran inaplazables, así que ese día lo pasé casi sin salir de la sala de reuniones del despacho, solo para atender llamadas urgentes.

Después de múltiples reuniones logré terminar la jornada del lunes y, al salir del despacho, Isabel y yo nos fuimos a casa a preparar el equipaje que necesitábamos para ir a Bristol; en realidad siempre viajo solo con el equipaje de mano que soy capaz de preparar en cuestión de minutos, pero era la graduación de mi hija, con las formalidades británicas que ello conlleva, y por tanto tenía que llevar equipaje y pensar muy bien la ropa que llevaría.

Por la mañana, bastante temprano, nos fuimos al aeropuerto; Elena iba con mucha ilusión porque, por una parte lo estaba pasando mal en el colegio producto del *bullying* y, por otra, era plenamente consciente de que se trataba de un hito muy relevante de una de sus hermanas, por las que siente auténtica devoción. Como no podía ser de otra forma, dormí casi todo el vuelo hasta Londres y nada más llegar a Heathrow cogimos un coche de alquiler y nos lanzamos por carretera hacia Bristol.

No habíamos quedado a ninguna hora concreta con mi hija, pero esa tarde sí que había acordado cenar con mi hija mayor, Sandra, la mediana que se graduaba, Kristiana, y mi expareja, Nina, en un restaurante que, como lo había reservado Kristiana, era toda una aventura para nosotros. Nada más llegar a Bristol y encontrar el hotel nos instalamos, desempacamos para que no se nos arrugase la ropa y salimos a comer algo ligero porque intuíamos que la cena sería fuerte.

Dimos un paseo por la ciudad, Isabel descansó un rato mientras yo acompañaba a Elena a la piscina y luego esperamos a que Kristiana nos recogiese para ir al restaurante que ella había seleccionado. Mi hija llegó con su madre a la hora exacta y nos dimos un buen paseo hasta ese restaurante; a Nina no la veía desde la graduación de Sandra en Edimburgo, pero mantenemos una buena y fluida relación telefónica, con lo que estábamos al día de todos los temas importantes; siempre es grato verla y se lleva muy bien con Isabel y con Elena, por lo que sería una cena muy agradable.

Cuando ya habíamos comenzado a cenar llegó desde Londres mi hija mayor que venía directamente de su trabajo en un despacho de abogados; había salido a la hora, pero el tren, como sucede sistemáticamente en el Reino Unido desde la privatización de los ferrocarriles, llegó tarde por razones que nunca se logran aclarar. En cualquier caso, eso no alteró ni la cena ni lo bien que lo pasamos.

Al salir del restaurante, Kristiana me dio las últimas instrucciones para el día siguiente, me insistió en lo que debía hacer, en lo que no podía hacer, en lo que podía y no podía decir y así un sinfín de instrucciones que me daban mucha risa porque, sin duda, ella estaba muy tensa pensando que yo haría alguna broma o que me saldría del protocolo por alguna razón… Lo cierto es que en algunas ocasiones lo hago, pero no le iba a arruinar su graduación aun cuando era entretenido verla tan atribulada por las posibles actuaciones de su padre.

Tanto ella como Nina se fueron al hotel que habían reservado y nosotros, junto con Sandra, al nuestro; al llegar hicimos el *check-in* de Sandra y una vez dejó su equipaje nos fuimos a la terraza a tomar una copa, concretamente un gintonic, costumbre que mi hija adquirió durante sus prácticas en España. Luego todos a la cama porque, como era previsible, el día siguiente sería largo.

Por la mañana desayunamos temprano un *full English breakfast*, que ya es decir, y luego nos trasladamos hasta el salón de graduaciones de la universidad, donde ya estaban Kristiana y Nina esperándonos. Los británicos son gente muy práctica y en el salón de graduaciones hay sitio reservado para la madre y el padre, pero tenían previsto, al igual que nos pasó en Edimburgo tres años antes, un salón para «otro tipo de familiares» entre los que se incluían Isabel, Sandra y Elena, y desde donde se seguía la ceremonia por una pantalla gigante. Ellas veían más que Nina y yo, pero me tocaba estar donde me pusieron.

Terminada la ceremonia fuimos a tomar un aperitivo a un sitio que Kristiana había reservado, donde la conocían bien porque se sabía la carta completa. Lo anecdótico sucedió como a la media hora de estar allí cuando a los pocos minutos de regresar Isabel de fumarse un cigarrillo se nos acercó a la mesa un policía. Este, muy educadamente, le dijo que había cometido una infracción a las normas municipales y que le iba a imponer una multa de cien libras. Ninguno de nosotros entendía lo que estaba sucediendo y el policía se ofreció a enseñarnos el vídeo de tan grave acto pero, justo en ese momento, a Sandra le salió la vena leguleya y le explicó al agente que no procedía la imposición de ninguna sanción al tratarse de una persona no residente carente de la información necesaria para haber actuado conforme a dicha regulación.

El argumento, insostenible en nuestra jurisdicción donde el desconocimiento de la norma no exime de su cumplimiento, sí hizo mella en el policía, que nos indicó que si podíamos acreditar los extremos alegados por Sandra no tendría inconveniente en reconsiderar la situación. Le pregunté si bastaba con la copia de los billetes de avión y una vez asintió se los exhibí, los fotografió y nos indicó que, por esta vez, no habría sanción, ante lo que nos despedimos de él con toda corrección.

Como no hay graduación sin comida, después nos fuimos a almorzar a un sitio francamente agradable, también elegido por Kristiana, y tras el Menú de Graduación que nos sirvieron todos coincidimos en la necesidad de dar un largo paseo por la ciudad para hacer la digestión de tantos y tan buenos platos que nos habían servido. Así también hacíamos tiempo para la cita que teníamos en la universidad para las fotos oficiales de la graduación, que, cual *Modern Family*, nos incluían a todos.

Kristiana y Nina regresarían a casa muy temprano por la mañana y nosotros, una vez Sandra se fue a Londres a trabajar, nos fuimos a Heathrow para volver a Madrid; fue un viaje emocionalmente muy intenso durante el cual, como era previsible, mi teléfono no dejó de recibir llamadas que giraban sobre lo mismo: qué pasaría a partir de ahora con el president Pugidemont.

La pregunta, debido principalmente a las múltiples filtraciones que se iban generando desde el propio Tribunal Supremo, aumentaban por minutos y el teléfono no paraba de sonar; por entonces solo se trataba de rumores, pero cada vez eran más insistentes. Nosotros, tanto los abogados como los defendidos, no podemos actuar sobre la base de meras especulaciones o rumores, por lo que fuimos muy cuidadosos con lo que dijimos en esos momentos.

A primera hora del 19 de julio ya los rumores iban cobrando cada vez más fuerza y sobre las 10 de la mañana se transformaron en realidad: Llarena, presa una vez más de sus propios relatos y de un ataque de pánico indigno de un magistrado de un Tribunal Supremo, acordó la retirada de las órdenes europeas de detención y entrega cursadas en contra del president Puigdemont, de Clara Ponsatí, Mertitxell Serret, Lluís Puig y Toni Comín, así como la orden internacional de detención emitida en contra de Marta Rovira a Suiza.

Sí, retiraba todas las órdenes en un claro reconocimiento de que no solo habíamos colonizado su imaginario, sino que, además, le habíamos infligido una severa derrota jurídica. Entre las órdenes retiradas se encontraban, igualmente, las ya rechazadas en Bélgica, lo que era casi gracioso. Nada más enterarme de la resolución por mail contacté, primero, con los Schomburg, luego con el president Puigdemont, de ahí con el resto de defendidos e, inmediatamente, y sin separarme de mi escritorio, con Aamer y con Christophe.

Para Aamer era muy relevante porque estábamos a solo dos semanas del comienzo del juicio que ya no se iba a celebrar, por lo que había que informar tanto a la Fiscalía como, especialmente, al juzgado y a los testigos y peritos que con tanto esfuerzo habíamos organizado.

Christophe, que a estas alturas se cree cualquier cosa proveniente del Supremo español, se limitó a decir: «Veo que no te has equivocado, pero ¿habrá luego una tercera OEDE?». A lo que contesté: «Sin duda, siguen sin entender que el problema son los hechos». Terminamos la conversación ratificándonos mutuamente en la agenda de acciones que ya teníamos en marcha y el resto de las previstas... Ambos sabíamos que habíamos ganado la batalla pero que aún quedaba mucha guerra.

Con los Schomburg y con el president Puigdemont las llamadas se sucedieron a lo largo de todo el día porque teníamos muchas cosas que poner en marcha; todas afortunadamente previstas desde nuestra reunión del fin de semana anterior. Cada uno sabía lo que tenía que hacer y por ello todo era más sencillo, pero implicaba una serie de confirmaciones, acciones y materializaciones que nos ocuparon no solo el resto del día, sino también el viernes y el propio fin de semana.

El domingo lo usé para aprovisionamiento. Tantos viajes y una agenda así de compleja habían hecho que en casa, una vez más, no tuviésemos casi de nada, y por eso Isabel, Elena y yo fuimos al supermercado a comprar todo aquello que necesitábamos para las próximas semanas hasta irnos de vacaciones, que aún veía como muy lejanas pero que me parecían necesarias y en las que, finalmente, podría desconectar un poco.

El lunes lo dediqué a ordenar asuntos en el despacho y el martes viajé a Jerez y a Málaga para visitar a defendidos en prisión y luego reunirme con otros que estaban en libertad con los que tenía que preparar una declaración para los primeros días de agosto. La jueza encargada del caso se había ido de vacaciones en julio, así que nos citó para agosto, cosa nada habitual en la práctica forense española.

El martes, como ya iba siendo rutina, tomé el primer vuelo de la mañana a Múnich para conectar con el vuelo a Berlín, donde estaba prevista una rueda de prensa del president Puigdemont con sus abogados; era su primera comparecencia pública después de la retirada de la OEDE y sería la última del periplo alemán, por lo que era importante que todos estuviésemos allí como habíamos previsto.

Una vez más, iba con el tiempo justo pero, por inusual que parezca, mi vuelo a Berlín llegó con veinte minutos de adelanto, lo que me permitió llegar a la rueda de prensa cuando estaba comenzando. Era en la sala de prensa ubicada frente al Bundestag y estaba abarrotada de periodistas de distintos medios y países. Como llegué con la rueda de prensa recién comenzada entré discretamente, pasé por detrás de Sören, Wolfgang, el president Pugidemont y Jaume Cuevillas y me senté en el sitio que me tenían asignado.

La rueda duró cerca de una hora y después no fue sencillo salir, porque no solo estaban los periodistas sino también un grupo nutrido de catalanes que querían saludar y felicitar a su president antes de que abandonase Berlín. Una vez logramos salir nos fuimos a una cafetería muy céntrica donde pudimos hablar en privado sobre lo que quedaba por hacer y cómo se gestionaría el regreso del president Puigdemont a Bélgica, que sería la siguiente etapa.

Por la tarde me fui, como no podía ser de otra forma, a Kreuzberg, y me reuní con Wolfgang Kaleck, con quien estuve conversando hasta bastante avanzada la noche; además de conversar también cenamos y bebimos algunas cervezas porque no todo es Derecho.

Al día siguiente aproveché para reunirme con los compañeros del ECCHR y preparar la vista que tendríamos en septiembre ante la Gran Cámara del Tribunal Europeo de Derechos Humanos, luego con la familia de un defendido preso en España y, finalmente, con los Schomburg para cerrar los flecos pendientes, repartirnos las tareas y dejarlo todo ordenado de cara al futuro. Al terminar corrí al aeropuerto y alcancé, por los pelos, el último vuelo de regreso a Madrid. La etapa alemana del president Puigdemont se cerraba con un rotundo éxito pero, sobre todo, con muchas lecciones en todos los planos.

Ante una jurisdicción compleja como es la alemana habíamos logrado demostrar que sabíamos lo que estábamos haciendo y, lo más relevante, que los hechos por los que se les perseguía en España no eran delito en Alemania. Y sobre todo se establecían unas pautas interpretativas de las normas penales que contravenían claramente la postura inquisitorial seguida, primero, por Llarena y, luego, por el conjunto de la Sala Segunda del Tribunal Supremo español.

Los efectos de lo conseguido en Alemania, y la retirada de la OEDE se sentirían en cuestión de días en Escocia, donde se procedió a archivar el procedimiento de entrega que estaba pendiente de enjuiciamiento, y también, en Suiza, Bélgica y el conjunto de la Unión Europea: a nadie le cabían dudas ya de lo que estaba pasando en España, y que eso no era conforme al entendimiento que de la democracia se hacía en el resto de países de la Unión.

La democracia es algo más que el derecho a votar cada cierto tiempo e implica, necesariamente, que el conjunto de la actividad de una sociedad debe estar presidida por unos determinados valores. El derecho penal, para entenderse como democrático, ha de ser entendido, interpretado y aplicado a la luz del prisma de esos valores democráticos. El Tribunal de Schleswig-Holstein había dado una lección al Tribunal Supremo español indicándole que incluso aquellas conductas que pueden desagradarnos han de ser toleradas en todo sistema democrático si quiere seguir llamándose así. Esa y no otra es la principal lección que aprendimos de tantas horas de trabajo desplegado en los meses en que el president Puigdemont estuvo en Alemania y del que tan poco provecho se ha sacado, hasta ahora, en la causa en España.

10

Bruselas al contraataque

El ataque de pánico que llevó a Llarena a retirar todas las euroórdenes, incluidas las de Bélgica que ya habían sido denegadas, nos permitió relajarnos un poco y disfrutar las vacaciones sin estar pendientes del teléfono ni de las noticias.

Antes de saber todo eso, y en función de la agenda prevista para el juicio en Escocia de Clara Ponsatí, Isabel y yo habíamos previsto dos semanas de vacaciones en Croacia con unos amigos y el 11 de agosto partimos a quince días de mucho mar, sol, descanso, desconexión y, sobre todo, disfrutar con nuestra hija pequeña, que, en definitiva, es la que más se ha tenido que adaptar a un año muy loco y de grandes ausencias; posteriormente se sumó mi hija mayor.

Entre baño y baño dediqué el tiempo a estudiar, cocinar, descansar, disfrutar y escribir. Sabía que a partir de septiembre volvería una dinámica agotadora y era necesario recargar las pilas y, sobre todo, prever nuevos escenarios para ir, siempre, un paso por delante.

Justo antes de comenzar septiembre se inició una campaña de desprestigio en mi contra, perfectamente orquestada, en la que participaron algunos conocidos periodistas, muy bien dirigidos, y a la que se sumaron aquellos a los que mi posible presencia en el juicio del *procés* molestaba y, claro, después de los éxitos conseguidos en el extranjero muchos se oponían a que yo participase en el juicio.

En esos momentos me apetecía mucho, tal vez demasiado, estar en ese juicio, pero posteriormente me di cuenta de que eso sería un error.

No pararon de salir libelos en los medios y a ellos se sumaron varias querellas de Vox, del Movimiento 24.2 y una serie de denuncias de un diputado de Ciudadanos, antes del PSOE y de UPyD, conocido por gastarse dinero público en restaurantes. La veda estaba abierta y muchos se apuntaron a ese intento de linchamiento; muchos otros, sin embargo, asumieron mi defensa tanto pública como privadamente.

El respaldo ofrecido por los diversos colectivos de abogados catalanes contrastaba con el desamparo que, por razones ideológicas, sufrí a manos del Colegio de Abogados de Madrid y su junta directiva, así como la actitud del Colegio de Abogados de Pamplona, que se puso de perfil. Estos ataques, sin embargo, estaban perfectamente previstos y así lo habíamos hablado con el president Puigdemont y con Toni Comín meses atrás, cuando les expliqué que esa sería la siguiente fase. No me pilló de sorpresa, lo que no quiere decir que estas cosas no te afecten.

El modelo que se está siguiendo en el caso catalán es el mismo seguido en los años noventa en contra de ETA bajo el concepto «Todo es ETA». Ahora se reedita como «todo es el *procés*»; según ese modelo, aplicado en su día por el juez Garzón y el fiscal Javier Zaragoza, todo está relacionado y hay que actuar sobre la base de círculos concéntricos de dentro hacia fuera. La gran diferencia es que en el caso de ETA existía una lucha armada innecesaria e injustificada y en el caso del *procés* todo ha sido no violencia activa, pero el modelo es el mismo y, por tanto, después de ir a por los políticos irían a por su entorno y, de ahí, a por los abogados... Nada nuevo bajo el sol.

El origen de estos ataques era muy claro y sabíamos de dónde venían. A principios de agosto saltó un escándalo en relación al trato de favor, con el consiguiente perjuicio a terceros, que habría recibido la hija del juez Marchena en la Escuela Judicial que dirigía la esposa del juez Llarena; seguí con interés la historia porque es un clásico caso en el que las apariencias no engañan y, además, porque me parecía increíble la escasa o nula cobertura que se le estaba dando a un tema tan relevante. Lo que entonces no sabía es que el afectado me responsabilizaba a mí de la existencia de esa noticia o que sus defensores lo hacían, cuando bastaba rascar un poco para comprender que la noticia había surgido en redes sociales y terminó siendo cierta.

Manuel Marchena me parece una de las mentes jurídicas más privilegiadas que he conocido, lo que no implica que discrepe profundamente de lo que hace y de cómo interpreta el Derecho desde una perspectiva que no resiste el contraste en ningún sistema judicial europeo, mucho menos el del Tribunal Europeo de Derechos Humanos; con Marchena he coincidido en diversos eventos porque ambos, junto con el difunto fiscal general José Manuel Maza, dábamos clases en el máster de Acceso a la Abogacía que organiza el Colegio de Abogados de Madrid.

Es una persona de trato agradable, al menos así me lo ha parecido siempre, muy hábil en las relaciones humanas y a quien a priori no se le nota que tiene el «botón nuclear» de la justicia española en su mano; a pesar de ello, a lo largo del procedimiento que se sigue en contra de los líderes políticos y sociales catalanes ha demostrado tener el control absoluto de la Sala Segunda del Supremo pero, al mismo tiempo, que sus tesis y análisis distan mucho de ser aceptados en los países democráticos de nuestro entorno. Los resultados que hemos ido obteniendo en Europa lo han dejado a él y a su ahijado Llarena en auténtica evidencia, y esto, seguramente, no me lo perdonará nunca... Como tampoco nos perdonará cuando se despliegue el resto de la estrategia jurídica que tenemos diseñada de cara al futuro.

Septiembre fue un mes muy movido, no solo por la campaña de desprestigio que habían orquestado contra mí sino sobre todo porque teníamos presentada una demanda civil en contra de Llarena, que fue, junto con la errónea atribución que se me hizo del escándalo de la hija de Marchena, el detonante de dicha campaña y llevó a la interposición de dos querellas en mi contra y cuatro quejas ante diversos Colegios de Abogados por nuestra actuación profesional. Al final, y después de muchas presiones, entre otras las del juez del Tribunal Constitucional Cándido Conde-Pumpido y el ministro José Borrell, el Gobierno de Pedro Sánchez se vio obligado a asumir la defensa de Llarena en Bélgica, lo que situó esa demanda, nuevamente, en el ojo del huracán.

Cuando presentamos la demanda en junio, los «voceros» de la Sala Segunda del Supremo no perdieron ocasión de minusvalorarla, decir que no teníamos ni idea y augurarle un escaso o nulo recorrido; sin embargo, a medida que se acercaba el 4 de septiembre, fecha en que Llarena o su abogado debían comparecer ante la Justicia belga, el pánico o la rabia o ambas se fueron apoderando de jueces, fiscales y periodistas afines, que no lograban entender cómo algo así había sido admitido a trámite. Algunos medios consiguieron crear un relato, otro más, que planteaba la demanda, y sobre todo su admisión a trámite, como una afrenta a España, una intromisión en la jurisdicción española y una suerte de *vendetta* de la Justicia belga por vaya uno a saber qué hito de la historia.

La verdad es que la demanda era muy sencilla y se fundamentaba en el Derecho de la Unión Europea y en resoluciones del Tribunal de Justicia de la Unión; es decir, se basaba en algo que en España se conoce poco: las obligaciones y servidumbres que conlleva estar en la Unión Europea. Como siempre digo, estar en ese club no es solo que vengan y nos construyan carreteras, sino también asumir obligaciones de marcado carácter democrático.

Los fabricantes de relatos, que son siempre los mismos, decían que el mismo día 4 de septiembre se archivaría esa demanda porque era una locura, no tenía fundamento alguno y ningún país podía revisar lo que había hecho o dejado de hacer el juez Llarena. Cuando han pasado muchos meses de esa fecha la demanda no solo no ha sido archivada sino que avanza, tal cual habíamos previsto, hacia un juicio que afectará, directa y fundamentalmente, al proceso principal, porque el juez Llarena construyó la imputación vulnerando, para ello, derechos fundamentales.

Esa demanda tendrá un recorrido legal que excederá el ámbito temporal del juicio y el dictado de la sentencia, por lo que su resultado lo conocerán Llarena y su padrino muchos meses después de que se haya condenado a los políticos catalanes. Desconozco si eso lo tuvieron en consideración o si, por el contrario, estamos ante un nuevo caso de ignorancia respecto a cómo funcionan los sistemas legales de nuestro entorno.

Viajé a Bruselas el 2 de septiembre porque, primero, el día 3 estaba citado en la audiencia de la reclamación extradicional de Josep Arenas (Valtònyc) en Gante y, además, teníamos señalada vista, en el caso de Llarena, para el 4 a las nueve de la mañana.

La vista de Josep se desarrolló dentro de lo que teníamos previsto y a la misma acudimos Josep, Paul, Simon y yo junto con varios amigos de Josep, que nos acompañaron hasta el interior del Palacio de Justicia de Gante sin entrar en la sala de la audiencia. Al finalizar la misma, el juez nos indicó que resolvería en dos semanas y, sin hacer otros comentarios, dio por terminada una vista de la cual los tres abogados salimos con muy buenas sensaciones. Ello, especialmente, por la postura del fiscal, que no admitió la pretensión española de presentar el caso como un delito de terrorismo... pero sobre este caso volveré más adelante.

Ya el 4 de septiembre, y para no perder la costumbre, me levanté muy temprano, desayuné en mi hotel y me fui al Palacio de Justicia donde habíamos quedado con el resto de los abogados en la Sala de Togas a las ocho para tomarnos un café, comentar los últimos detalles y revisar lo que diríamos a los medios al salir.

Éramos muy conscientes de que esa mañana no pasaría nada relevante, pero la expectación mediática era tan grande que resultaba imposible sustraerse a la misma; por otra parte, comparecería Hakim Boularbah, el abogado contratado por el Estado español para encargarse de la defensa de Llarena e intentar representar al Reino de España, por lo que era lógico que estuviésemos todos los abogados presentes.

Quince minutos antes de las nueve salimos, ya con nuestras respectivas togas, del Palacio de Justicia y nos dirigimos al edificio contiguo, el de la Jurisdicción Civil, para asistir a la vista; la noche anterior alguien llenó la entrada de lazos amarillos, muchos de los cuales seguían visibles, y desde lejos se podía identificar al gran número de periodistas que allí nos esperaban.

Al llegar a la puerta nos encontramos con Toni y Lluís, que habían llegado minutos antes rompiendo con la costumbre de impuntualidad de Toni pero muy en la línea de Lluís, que siempre llega a la hora exacta. Nos saludamos, como hicimos con los periodistas, a los que explicamos que haríamos declaraciones a la salida, y entramos en los Juzgados.

Dentro nos encontramos con Hakim Boularbah que iba acompañado por el juez de enlace español, así como por otra misteriosa persona de la embajada española; Boularbah, compañero de universidad de Christophe y con el que llevábamos días en contacto, nos saludó con gran corrección y normalidad, no así el juez de enlace ni el individuo que le acompañaba, que ni tan siquiera nos dirigieron la palabra y sí nos rehuyeron la mirada, algo impropio de representantes diplomáticos u oficiales.

Para nosotros, la contratación de Hakim Boularbah por parte del Estado español era una buena noticia, queríamos tener enfrente a un buen abogado y él lo es; nada mejor que un debate jurídico de altura para contrarrestar la imaginería jurídica de aquellos que escriben al dictado o hablan por no callar.

Algunas veces, y debido a la gran expectación mediática que se genera, resulta casi increíble explicar las cosas tal cual han sucedido, pero el señalamiento de esa mañana era de mero trámite a pesar de las portadas y el tiempo que los medios españoles le estaban dedicando. Entramos en una amplia sala llena de bancos ubicados a ambos costados de un pasillo que conducía a un estrado, una escenografía que me recordaba a cualquier iglesia moderna, y en ese estrado se encontraban dos jueces y un secretario judicial rodeado de carpetas, cada una de ellas un expediente.

La jueza, que ese día no sabía que terminaría siendo objeto de sendas querellas de los ultranacionalistas españoles, fue llamando a las distintas partes que aparecían reflejadas en la carátula de cada carpeta hasta que llegó a la nuestra: «Puigdemont y otros contra Llarena». Nos acercamos, nos preguntó si teníamos algo que informarle, se le dijo que habíamos estado ya en contacto las partes y que pretendíamos establecer una agenda para las discusiones jurídicas, entre las que estaba el intento de personación del Reino de España; nos citó para dos semanas más tarde y ahí terminó ese acto procesal.

Dejamos que primero saliese Hakim y diese sus explicaciones y luego lo hicimos nosotros. No había mucho que comentar pero sí que explicar, porque la expectación era tal que los medios no lograban comprender que lo sucedido era justo lo que les habíamos dicho que pasaría y, obviamente, ni en esa comparecencia ni en ninguna otra se desestimaría nuestra demanda.

Después de atender a los periodistas volvimos al sitio que más nos gusta a los abogados y también a nuestros defendidos, la cafetería, donde continuamos atiborrándonos de café para poder seguir funcionando el resto del día. Marché con Lluís y Toni porque aún teníamos otras reuniones pendientes, y por la tarde regresé a Madrid.

La batalla con Llarena había comenzado oficialmente, con el agregado de que a esta se había sumado el Estado español; cuando diseñamos esta estrategia, hacía ya muchos meses, nunca pensamos que tuviese un recorrido tan largo, pero como todo en este proceso las cosas siempre salen mejor de lo previsto a causa de la falta de conocimientos jurídicos del adversario y, sobre todo, de su arrogancia y provincianismo a la hora de aproximarse a los escenarios que hemos ido generando. Nunca terminaremos de agradecerles lo mucho que se equivocan.

Nada más comenzar todos los ataques en mi contra y la interposición sistemática de querellas, decidí viajar a Alemania a reunirme con Wolfgang Kaleck, con quien quería hablar, revisar alternativas y valorar los diversos cursos de acción. Hice un viaje relámpago y, como siempre, la extensa conversación con Wolfgang llevó a una rápida actuación en diversos planos y a la preparación para cualquier tipo de escenario, porque en situaciones como estas la experiencia indica que no se debe descartar nada, absolutamente nada, por muy disparatado que parezca.

Las querellas en mi contra habían recaído en el Juzgado Central de Instrucción 3 de la Audiencia Nacional, y por muy absurdas e indocumentadas que fueran no podíamos minusvalorar un hecho esencial: la jueza titular de ese Juzgado, por entonces y hasta su meteórico ascenso al Supremo, era Carmen Lamela, que fue quien inició la persecución de mis defendidos.

Las querellas eran un auténtico esperpento, como se demostró luego por la fuerza de los hechos y el informe oponiéndose a las mismas emitido por Miguel Ángel Carvallo, fiscal de la Audiencia Nacional; argumentaban que yo habría falsificado la traducción de las declaraciones de Llarena en Oviedo para engañar a la jueza belga que llevaba la demanda civil en contra del magistrado español. El sustento era una noticia publicada por una «portavoz» oficiosa del Supremo y ella, a su vez, se basaba en un documento que no era el que se había presentado en Bélgica, cosa que ella no sabía y que, probablemente, sigue sin saber.

La realidad era muy distinta: efectivamente hubo un error en una frase de una de las traducciones pero ni afectaba a la esencia de la demanda, como luego se ha demostrado, ni era un engaño. Solo fue un error del que yo no era responsable porque no manejo el francés, pero, además, cuando se presentó la demanda contra Llarena me encontraba de viaje y no pude firmar el documento final, ni participé en los intercambios del mismo en los que se arrastró dicho error, como ha quedado acreditado documentalmente. A los querellantes, Vox y el Movimiento 24.2, no les interesaba la verdad, solo buscaban, unos, rédito político, y otros, satisfacer a quien les mece la cuna en el mundo judicial. La «portavoz» oficiosa del Supremo pretendía defender la integridad territorial de España y a sus fuentes dentro de ese Tribunal y de las que tanto beneficio ha sacado durante muchos años. En todo caso el daño estaba hecho y las trincheras muy definidas.

Isabel estaba preocupada, creo que con razón, pero, sin menospreciar el riesgo, es evidente que no se puede asumir una defensa compleja, dura y de amplia relevancia política sin asumir que existen riesgos más allá de los jurídicos. La gente del despacho, aunque no lo decían, también lo estaba, así que decidimos hablar con ellos y explicarles la situación y lo que se había previsto en el supuesto de que las cosas se complicasen más allá de lo racional; además, procedimos a indicarles que si alguien quería renunciar no solo lo entenderíamos sino que les facilitaríamos todo, pues no queríamos que nadie se sintiese incómodo, inseguro o preocupado por los ataques que estaba sufriendo y el desenlace que los mismos pudiesen tener. La respuesta fue directa e inmediata: no se iba nadie.

No fueron pocos los amigos que me mostraron un apoyo incondicional, cosa que siempre agradeceré, pero tampoco fueron pocas las sorpresas negativas, como la que me llevé al comprobar que una de las querellas provenía del Movimiento 24.2, una asociación creada, entre otros, por el abogado Nicolás González-Cuéllar, el exfiscal de la Audiencia Nacional Ignacio Gordillo, el exjuez del Supremo Adolfo Prego y de la que forma parte la abogada civilista Cruz Sánchez de Lara, actual esposa de Pedro J. Ramírez.

A Nicolás González-Cuéllar lo conozco desde hace años; el primer encuentro judicial lo tuvimos en el juicio del exjuez Elpidio Silva, donde Nicolás defendía a Díaz Ferrán como acusación particular. Pese a ser amigo íntimo y editor de Manuel Marchena, no tuvo ningún inconveniente en que este presidiese la Sala del Supremo en que se revisó, y desestimó, el recurso de casación que interpusimos en defensa de Elpidio Silva. Es así como se las gastan; la amistad manifiesta entre ellos no la descubrimos hasta mucho después, pero para ellos no era causa de abstención.

El juicio a Elpidio Silva no es el único enfrentamiento que hemos tenido, también nos vimos en un pleito civil en que él defendía al exministro Soria en una demanda contra Ignacio Escolar, Carlos Sosa y *eldiario.es* por publicar que Soria había estado de vacaciones invitado por un empresario canario mientras era ministro. Dicha demanda fue desestimada porque, efectivamente, estuvo allí invitado.

A Ignacio Gordillo lo conozco de sus tiempos como fiscal de la Audiencia Nacional, más concretamente desde el 27 de noviembre de 1996, cuando fui conducido desde Soto del Real a presencia judicial. Me ofreció celebrar esas Navidades en casa si implicaba a Urruticoetxea Bengoetxea (Josu Ternera, a quien se le agotaría en breve el plazo máximo de prisión provisional) en el secuestro de Emiliano Revilla. Digan lo que digan, sé que no participé en ese secuestro, por lo que difícilmente podía saber quién lo había hecho, pero, además, de la cárcel se puede salir bien o mal y yo decidí salir bien, es decir con la frente en alto, más de seis años después de rechazar dicha «oferta», que, durante el tiempo en que cumplí condena, no fue la única que recibí para adelantar mi salida de prisión, pero no acepté ninguna.

A Adolfo Prego no lo conozco más que de vista y de las innumerables noticias que lo vinculan con la extrema derecha y lo sitúan como un nostálgico del franquismo muy crítico con la Ley de Memoria Histórica.

Esa querella venía apoyada, también, por alguien a quien consideraba un amigo… nunca se termina de aprender. Se trata de Jesús Andújar, que dirigía los cursos de Procesal Penal que yo impartía en el Colegio de Abogados de Madrid y había sido mi amigo durante casi catorce años, alguien con quien tenía grandes diferencias ideológicas que no afectaban a esa amistad, al menos creía yo. No solo apoyó la querella, sino que se justificó diciendo que antes que la amistad estaba España.

Ante ese escenario, y teniendo presente que en el mismo curso impartían clases no solo Jesús sino varios de los querellantes y el propio Manuel Marchena, decidí renunciar al Centro de Estudios de manera inmediata; siempre me ha gustado dar clases, lo que es un negocio ruinoso, pero no estaba dispuesto a darlas en un ambiente de esas características, a pesar de que allí cuento con grandes y auténticos amigos y que año tras año fui uno de los dos profesores mejor valorados junto con el excelente magistrado David Cubero que, discrepando como discrepo de muchas de sus resoluciones, es uno de los mejores jueces que conozco y cuyas decisiones siempre van excelentemente fundamentadas.

El 10 de septiembre me fui a Barcelona para acudir a la Diada porque nunca había presenciado una y quería verlo en persona; también teníamos previstas una serie de reuniones con Christophe, Michell, Ben Emerson y Aamer, así como con otra serie de personas.

Llegué relativamente temprano al hotel y comí con Christophe y Michell, que habían llegado un rato antes. La experiencia fue muy enriquecedora para los tres porque casi no podíamos estar tranquilos, ya que todo el mundo se acercaba a saludarnos, darnos las gracias, abrazarnos, hacerse fotos con nosotros. Fue un fenómeno nuevo para los tres que, en definitiva, solo somos abogados y no percibíamos el impacto que nuestro trabajo estaba teniendo en Catalunya.

La tarde noche del 10 estábamos invitados a un acto en el Parlament y, después, a la celebración prevista en la plaza Sant Jaume. Al llegar al Parlament me encontré con diversos amigos entre los que estaba Jaume Asens, con quien tuve escasos minutos para ponernos al día porque él acudía en su función institucional y yo, en cambio, iba con un relajo absoluto.

Después de ese acto caminamos hasta la plaza Sant Jaume, donde me encontré con José Sanclemente, otro amigo y en parte responsable de que este libro exista, que fue con el que había quedado para ir a la celebración. Llegar a la plaza no fue sencillo porque había mucha gente y cada dos pasos alguien me paraba para saludarme, gente a la que no conocía pero que, evidentemente, estaba muy agradecida. En esa caminata perdí de vista a Michell y Christophe, pero ambos sabían dónde nos volveríamos a juntar… o eso creíamos.

Al terminar el espectáculo en la plaza Sant Jaume, y después de saludar a una serie de amigos y conocidos, José y yo decidimos irnos a cenar. Seguía sin saber dónde estaban Christophe y Michell pero deducía que sería imposible encontrarlos entre tanta gente. En cualquier caso, estábamos en el mismo hotel, por lo que era cosa de tiempo que nos volviésemos a ver. Fue una cena muy agradable, pero, como todo el resto del día, muy interrumpida por gente muy cariñosa que se acercaba, no sin cierta timidez, a nuestra mesa a saludar.

La mañana del 11, aprovechando que era festivo en Barcelona, me fui a primera hora a la prisión para visitar a Jordi Sànchez, con quien tenía diversos temas que comentar y con el que estuve un par de horas hablando no solo del tema judicial sino también de la situación en general.

Esta visita solo la sabíamos su abogado, el propio Jordi Sànchez y yo, por lo que la misma me sirvió, luego, para saber de dónde venía una «información» que apareció posteriormente en un digital de Madrid dentro de la campaña de desprestigio. Esa «información» afirmaba que había visitado en agosto a todos los presos para intentar convencerles de que me metiesen en sus equipos de defensa, pero esa exclusiva hablaba, únicamente, de una anterior visita en agosto. Quien filtró la noticia desconocía esta nueva visita a la prisión y, por tanto, pude acotar mucho de dónde venía esa supuesta «información», que, entre otras cosas, afirmaba que esa visita de agosto había sido a espaldas de los abogados, que se les había ocultado. En definitiva, lo que se intentaba cuestionar era mi ética profesional.

La realidad era muy distinta: esa visita de agosto fue coordinada con quienes llevan el tema de las visitas a los presos y, además, no acudí solo, sino con otros muchos abogados. Como se había acordado, allí coincidí con varios de los defensores de los políticos y líderes que se encontraban en la prisión de Lledoners. La fuente de la «información» no manejaba todos los datos y fue muy sencillo desenmascararle, así como conocer la finalidad detrás de esa filtración, que más bien parecía *fake news*.

El problema de los aprendices de filtrador, y de los que solo beben de ese tipo de fuentes, es que se les termina descubriendo porque faltan elementos que, como en este caso, solo conocíamos cuatro personas y que no aparecieron recogidos en la «noticia», cuya única finalidad era desprestigiarme e intentar que no entrase en el juicio. Tampoco es que me preocupase mucho, porque no solo estaba erróneamente fundamentada sino que, además, la firmaba quien primero intentó ser jefa de prensa de una ministra del Gobierno de Pedro Sánchez que, al no ver satisfechas sus infundadas aspiraciones, se dedicó a atacarla sin miramientos. Ese era el nivel.

Para esa fecha ya existía una comunión de intereses entre el Supremo y algunos otros, inimaginables, que consideraban que mi entrada en el juicio que se celebraría en el Supremo podía perjudicar no solo a los acusados sino al Estado; fue, sin duda, la parte más triste de todo este proceso: descubrir que había un interés común, mezquino y poco profesional, por mantenerme fuera de un juicio que entonces sí me apetecía celebrar y que, transcurrido el tiempo y visto en perspectiva, ha sido mucho mejor no hacerlo.

Siempre he tenido claro que mi forma de ser, así como la de aproximarme a los procedimientos, genera muchos anticuerpos o animosidades, la gran mayoría por inseguridades. No obstante, en este caso el cruce de intereses era mucho más complejo y afectaba no solo a los jueces y fiscales... Esa era la gran diferencia y algo que nunca terminaré de comprender.

Desde que se inició la persecución a los políticos catalanes tuve claro que la única forma de ganar este procedimiento era mediante la internacionalización del mismo, como habíamos demostrado con los resultados de Bélgica, Alemania y Escocia; tal vez el error estuvo justamente en eso: demostrar que las cosas se pueden y deben hacer de otra forma si se quieren ganar; además, en el plano interno los golpes del Supremo se sucedían sin solución de continuidad.

No fueron pocas las personas que entendían que yo debía estar en ese juicio y que apostaron por que así fuese; a todos ellos se lo agradezco porque, en esos momentos, claro que me apetecía, pero, como digo, visto en retrospectiva dentro de todo este proceso ha sido muy bueno no verme involucrado en un juicio donde mi estrategia de defensa habría chocado frontalmente no solo con la Sala. El argumento que utilizaban quienes apoyaban que estuviese en el juicio era muy sencillo y muy lógico: era la mejor forma de encadenar la estrategia internacional con la que se siguiese dentro y viceversa, aparte de algo esencial: un juicio así requiere experiencia y de una piel muy resistente a los ataques que se irán generando a medida que avance.

Un juicio de estas características es lo que todo abogado sueña con celebrar al menos una vez en su vida, pero en este caso, y a la vista de los diversos intereses generados, creo que lo más acertado, desde mi perspectiva personal, ha sido el no ser parte del mismo. Había y hay gente que no me quería en esa Sala y eso lo habría hecho todo mucho más complicado.

En paralelo a todo lo que iba sucediendo en torno a este procedimiento, en junio se me pidió que me hiciese cargo y organizase la defensa de Josep Arenas, Valtònyc, que había tomado la decisión de defenderse de la condena impuesta por la Audiencia Nacional y ratificada por el Supremo desde el exilio.

Meses antes se me consultó dónde sería mejor que se instalase para defenderle y no dudé en decirle que me daba lo mismo Holanda que Bélgica, pero que necesitaba saberlo con cierta seguridad para organizar la defensa local. Cuando me informaron de que sería Bélgica me puse inmediatamente en contacto con Paul Bekaert; podía ser también Christophe pero sabía que estaba muy liado con la defensa de Rafael Correa y, además, la condena impuesta a Josep era por enaltecimiento del terrorismo. Paul era la persona más adecuada.

Nada más hacerme cargo de su defensa diseñamos una estrategia y me reuní con Josep y Paul varias veces, acopiamos todo el material que necesitaríamos, lo enviamos a traducir y lo dejamos todo listo para enfrentarnos al pedido de entrega, no sin antes decidir algunos aspectos técnicos que eran relevantes. Tomadas todas esas decisiones contactamos con la Fiscalía de Gante y les informamos de la situación, de la presencia de Josep allí y de la inminencia de una orden europea de detención y entrega en su contra.

En julio había llegado la OEDE y comparecimos ante la Policía de Gante y luego ante la jueza de Garantías, que, sin dudarlo y con mucha perplejidad por el contenido de la OEDE, acordó su puesta en libertad y nos dejó citados ante el juez de la extradición para el lunes 3 de septiembre; por eso, desde antes de salir de vacaciones sabía que septiembre sería agitado, pero, como he dicho, lo que no sabía es que lo sería tanto ni que tendría que pagar un precio tan alto por hacer mi trabajo.

En julio había comido con Josep, una agradable reunión a la que por diversas razones no llegó nadie más pero que me sirvió para tener una reposada conversación con él y poder conocerle más. Es un chaval muy interesante, agradable, muy perspicaz y maduro con una historia vital digna de una película de la que él ha sabido sacar lo mejor.

Comimos cerca de mi hotel y, dicho coloquialmente, se puso las botas, como haría cualquier chico deportista enfrentado a una buena comida. Hablamos de su vida, del procedimiento, de lo que debíamos esperar el 3 de septiembre y de sus muchas y razonables dudas sobre los más complejos aspectos técnicos. Los defendidos inteligentes siempre hacen preguntas inteligentes, pero, sobre todo, muy complejas de contestar, y Josep no fue la excepción por lo que me esforcé en exponerlo todo de la mejor forma posible.

La siguiente vez que nos vimos fue ya la mañana del 3 de septiembre para viajar a Gante, donde habíamos quedado sobre las ocho y media con Paul y Simon Bekaert en los Tribunales. Josep venía acompañado de las dos personas que le han acogido, apoyado y cuidado como si de un hermano menor se tratase.

Como no podía ser de otra forma, mi taxi se extravió y tardé un rato en llegar al punto donde nos juntaríamos para hacer el resto del viaje juntos, pero una vez en el coche traté de rebajar la tensión que se percibía e hice algunas bromas; en realidad, y en lo que a mí respecta, estaba muy tranquilo porque sabía que esa mañana no se resolvería nada, y también porque el sistema belga es garantista y prevé una serie de recursos cuando se trata de una Euroorden.

Al llegar al Palacio de Justicia de Gante, un edificio moderno que contrasta con el de Bruselas, vimos que ya estaba toda la prensa española esperándonos, pero les indicamos que no haríamos declaraciones hasta la salida.

Dentro nos esperaban Paul y Simon con quienes bajé a la Sala de Togas para prepararnos y revisar las últimas notas y algunos documentos. Como siempre, Paul estaba muy tranquilo, la experiencia es un grado y los conocimientos, el mejor aval de la excelencia; Simon, pese a su juventud, tiene una exquisita formación jurídica y una serenidad y saber estar que ya quisieran muchos compañeros con el doble de años de ejercicio que él.

Después de tomarnos el preceptivo café subimos a la tercera planta, donde nos esperaba Josep con sus acompañantes para ver a qué hora comenzaría la vista, que, como es habitual, sería a puerta cerrada. En la antesala nos esperaba un amable oficial que nos pidió la documentación profesional y nos indicó que comenzaríamos en cuanto llegase el fiscal.

No hablo flamenco, pero su parecido con el alemán me permite seguir perfectamente las conversaciones, aunque me resulta más fácil comprenderlo por escrito. En todo caso no quise traductor porque eso retrasaría la vista y realmente no me es necesario.

Después de quince minutos entramos en la Sala, que era cuadrada, moderna, fría e impersonal. Al fondo había un estrado donde se ubicaban el juez, el fiscal y la secretaria judicial; a la derecha, en un escritorio algo más bajo, se sentaba la jueza de Garantías y, frente a ellos, nuestros estrados que, como es costumbre en Bélgica, nos obligaban a alegar de pie con nuestro defendido sentado delante junto al traductor.

Tras una breve introducción por parte del juez, la jueza de Garantías hizo un resumen de hechos y de derecho explicando las razones que la llevaron a dejar en libertad desde el comienzo a Josep. Acto seguido intervino el fiscal aclarando que bajo ningún concepto los hechos por los que se le reclamaban podían ser calificados como delito de terrorismo ni de enaltecimiento del terrorismo, centrándose finalmente en que pedía la entrega por las amenazas y el delito de injurias a la Corona; no fue una exposición larga sino, más bien, de obligado cumplimiento en representación de los intereses de España.

Después de esas intervenciones se nos dio el turno de palabra a la defensa. Expusimos todos nuestros argumentos y, por precaución, ahondamos en lo informado por el fiscal respecto del delito de terrorismo. Simon dio un giro a la vista al pedir exhibirle al juez el vídeo del concierto sobre el cual se sustenta la condena de Josep y, una vez que el juez lo visualizó, Simon le explicó que no podía ser constitutivo de delito porque la sentencia no condenaba a la retirada de dicho vídeo, que seguía circulando por las redes sociales y estaba disponible y al acceso de cualquiera. La lógica detrás de dicho planteamiento era abrumadora.

El viernes anterior a la vista había llegado un estrafalario informe de la Audiencia Nacional firmado por el magistrado Ángel Hurtado, con quien siempre discrepo pero que es un buen jurista, en el que, muy molesto, contestaba a una serie de preguntas que le había remitido su homólogo belga. Nosotros aprovechamos para contestar dicho documento e insistir en algo que, a todas luces, o era un error o una de las habituales trampas de la Audiencia Nacional: aplicaban un código penal que no estaba en vigor en el momento de los hechos y que resultaba más perjudicial para Josep; nos parecía que era un claro signo de lo pretendido por España.

Se le preguntó a Josep si quería decir algo más y él, con

la disciplina que le caracteriza, hizo lo que le indicamos: no añadir nada más a lo dicho por sus abogados, cosa que muchos defendidos no entienden ni aceptan; el derecho a la última palabra es propio de la gran mayoría de los procedimientos en derecho continental pero, al mismo tiempo, es un arma muy peligrosa porque los defendidos, producto de los nervios y del desconocimiento, tienden a decir cosas que pueden y son malinterpretadas y solo sirven para perjudicarles y estropear el trabajo que los abogados hemos hecho previamente. Nadie se salvará por la última palabra, pero condenados por ellas hay muchos… Así me lo dijo hace años un conocido juez de la Audiencia Nacional.

Al salir, desanduvimos nuestros pasos hasta la Sala de Togas, devolvimos las nuestras y subimos a la planta baja para salir a atender a los medios. No había grandes noticias a excepción de dos: la fecha en que se daría a conocer el fallo del Tribunal y que se mantenía la situación de libertad provisional. La fecha prevista para dar a conocer la resolución era el 17 de septiembre, con lo que hasta dos semanas después no se sabría nada concreto.

El 17 de septiembre comparecimos nuevamente ante el Juzgado de Gante que daría a conocer el fallo en el caso de Valtònyc. Llegamos muy temprano al Palacio de Justicia y allí nos esperaba Simon, pues Paul no había podido acudir porque estaba en una vista en Luxemburgo. Fuimos a la Sala de Togas para tomar el preceptivo café y recoger las togas que necesitábamos para la vista.

Mientras dábamos cuenta del café fui informando a Simon de la reunión que la noche anterior habíamos mantenido en Waterloo y de la oportunidad de avanzar, a partir de entonces, en algunos temas que él y Paul tenían muy trabajados; Simon, como siempre, hizo pocas preguntas: conoce su trabajo, tiene asumida la estrategia y, sobre todo, cuando tiene que decir algo lo dice sin ningún problema porque es un profesional muy serio. En esta ocasión tenía muy claro lo que íbamos a hacer y, además, le gustaba la estrategia.

La expectación sobre el caso de Valtònyc había crecido mucho y, como era lógico, sabíamos que al salir de la vista tendríamos que hablar con los medios que nos estaban esperando; intuíamos que el resultado sería favorable pero no estábamos seguros de cuánto; una vez más había que hacer frente al vértigo que genera que las decisiones judiciales puedan marcar el éxito o fracaso profesional.

Al entrar en la Sala de Vistas, la misma en que se celebró el juicio del 3 de septiembre, nos esperaban el juez, la secretaria judicial, la jueza de Garantías y el fiscal. Cada uno de nosotros se ubicó en el mismo sitio de la vez anterior y el juez, de forma muy directa, procedió a leer su resolución.

Tanto Simon como yo teníamos la memoria que se presentó delante, y mientras el juez iba leyendo su resolución nosotros fuimos marcando cada uno de los puntos que habíamos expuesto dos semanas antes. Punto a punto se nos iba dando la razón y eso era muy alentador, sin embargo todo abogado sabe que hasta llegar a la parte dispositiva no se sabe cómo viene la resolución. En uno de los últimos puntos me vino la duda, seguramente porque me despisté y no entendí bien lo que estaba diciendo el juez, pero me bastó con un cruce de miradas con la secretaria judicial y un gesto de Simon para saber que se nos daba la razón en todo.

Fue entonces cuando se produjo un silencio de no más de uno o dos segundos pero que me parecieron una eternidad, hasta que el juez dijo: «Por todo lo anterior acuerdo denegar la entrega a España del señor Arenas Beltrán». Miré al juez, que hasta entonces había sido muy inexpresivo, y él levantó la vista y dijo en perfecto inglés: «*It's freedom of speech*» («Es libertad de expresión») que fue el mejor final para esa vista.

Josep, a quien le iban traduciendo casi simultáneamente, se enteró segundos después que nosotros del éxito y, al girarse, tanto Simon como yo vimos la cara de un chico muy joven que por fin veía que en la vida también le ocurrirían cosas buenas. Estaba radiante pero sabía muy bien que allí, y hasta salir, debía comportarse como si la cosa no fuese con él.

Una vez nos despedimos de todos y abandonamos la Sala de Vistas, nos reunimos con los acompañantes de Josep, les informamos del resultado y les explicamos lo que íbamos a decir a los medios. Todos estábamos contentos, o muy contentos, pero en esos momentos hay que tener la frialdad para saber que el trabajo, en casos como este, no termina hasta hablar con los medios, sea cual sea el resultado, por lo que aprovechamos la bajada en ascensor y el largo pasillo de salida para afinar lo que diríamos y, sobre todo, cómo lo diríamos.

En la puerta de ese moderno edificio nos esperaba una treintena de periodistas, mayoritariamente españoles pero también varios belgas, algunos alemanes y dos ingleses (BBC y *The Guardian*) que se habían hecho eco de un tema que cuesta entender en España pero mucho más pasados los Pirineos. Logramos avanzar unos pasos y decidimos que ese era un buen sitio para hablar, igual el único porque ya no podíamos avanzar más, por lo que nos paramos y dejamos que se organizasen los periodistas antes de decir nada.

Primero habló Simon, luego yo y finalmente Josep, que, en definitiva, era el auténtico protagonista porque era quien había tomado una decisión que cambiaría su vida, había asumido el riesgo de defenderse en Bélgica y era quien arriesgaba años de prisión en caso de fracasar nuestra estrategia. Algunos periodistas se mostraban sorprendidos por el resultado, pero otros, los más experimentados y que tenían un mejor conocimiento de la realidad judicial europea, no lo estaban y sus preguntas tenían mucha lógica y apuntaban a la esencia del caso.

Expusimos no solo el resultado sino el recorrido que se abría a partir de ese momento, con un más que seguro recurso por parte de la Fiscalía belga; también, en qué consistía el fallo y qué representaba a nivel tanto de España como de Europa. Sí, muchas veces nos miramos tanto el ombligo que no somos capaces de ver el resto y casos como el de Valtònyc no solo son noticiosos en España sino, también y especialmente, en el contexto europeo en que España se tiene que mover.

Lo que se había conseguido no era menor: acreditamos que la Audiencia Nacional, y luego el Supremo, estaban condenando a personas por actos que eran penalmente irrelevantes en Europa y que lo que estaban haciendo era reprimir la libertad de expresión, algo inadmisible desde una perspectiva democrática. Ya no solo era la persecución a los políticos catalanes, sino también a artistas, humoristas y cualquiera que se atreviese a emitir una opinión contraria a unos estándares que han fijado entre dos Tribunales que no representan al conjunto del sistema judicial español, sino exclusivamente a unas élites no elegidas y con una ideología e intereses incompatibles con la democracia.

Durante décadas, la Audiencia Nacional ha hecho y deshecho con el Derecho español a su gusto y conveniencia, con honrosas excepciones, pero nunca había sido puesta en evidencia porque todo lo que hacía estaba orientado, o eso decían, a la persecución de la actividad armada de ETA. Como es comprensible, ante actos de violencia, todos, o una gran mayoría, reaccionan de forma similar y, por eso, durante casi cuatro décadas los postulados de la Audiencia Nacional, casi siempre ratificados por el Tribunal Supremo, no habían sido cuestionados en Europa ni mucho menos puestos en evidencia.

A partir del caso del *procés* la cosa cambia porque en esta ocasión no existe violencia, todo se ha desarrollado por cauces democráticos y de participación ciudadana, a través de una estrategia de no violencia activa. Aun así, tanto la Audiencia Nacional como el Supremo se han empeñado en hacer lo que mejor sabían: darle la vuelta al Derecho hasta hacerlo irreconocible desde un prisma democrático. Estos procesos de extradición, o de Euroorden, les estaban poniendo en evidencia.

Primero fueron los políticos catalanes, luego los artistas como Valtònyc y, más tarde, serían incluso los manifestantes o la sociedad civil, como ocurre con el caso de Adrià Carrasco, del cual luego hablaré.

Una vez más habíamos ganado y esta vez en un tema que dejaba muy en evidencia una política represiva que lleva años practicándose pero que, hasta el *procés*, no se había visualizado en Europa. La persecución de tuiteros, artistas y ciudadanos absolutamente anónimos se había iniciado hacía algunos años y su punto de arranque puede situarse con la «Operación Araña 1» (luego vinieron Araña 2, 3 y así) durante la cual se detuvo a una serie de personas por hacer tuits y se les terminó acusando de delitos de enaltecimiento del terrorismo o menosprecio a las víctimas del terrorismo.

Entre los casos más significativos se encontraba, ahora, el de Valtònyc, pero ya habían sido condenados antes Pablo Hassel o César Strawberry, cantante de Def Con Dos, a quien defendimos en la Audiencia Nacional y en el Supremo: contra todo pronóstico lo sacamos absuelto del juicio en la Nacional pero luego, el Supremo, con Marchena como ponente, revocó dicha sentencia sin siquiera practicar una sola prueba. Esta práctica, más temprano que tarde será repudiada por el Tribunal Europeo de Derechos Humanos, porque casos como este ya han sido previamente resueltos y España ya ha sido condenada por estas prácticas, pero a Marchena eso no suele preocuparle.

Marchena, que es un gran jurista, tendrá que pasar el filtro de Estrasburgo, y estoy seguro de que se llevará un buen varapalo. Lo que él reviste de jurídico poco tiene que ver con una concepción democrática del Derecho, y si bien es dueño del «botón nuclear» de la Justicia española, en Europa, como ya se ha demostrado en Alemania y en Bélgica, no logrará superar la «prueba del algodón» democrático.

De Gante me fui a Waterloo, donde teníamos prevista una de nuestras reuniones habituales para revisar cada uno de los aspectos de la defensa y preparar diversos escenarios jurídicos para los meses venideros. Si las cosas han resultado bien es porque nunca hemos improvisado y siempre mantenido una línea de defensa proactiva, es decir, hemos tratado de controlar los tiempos, pero, sobre todo, ir siempre un paso por delante trabajando con los escenarios posibles y preparando nuestras reacciones a cada uno de ellos.

Durante todo el mes de septiembre seguí siendo objeto

de ataques mediáticos de todos los tipos con un denominador común: se basaban en mi historia vital y sobre ella daban y daban vueltas tratando de ensuciar lo que se estaba y está haciendo para intentar debilitarme y, al mismo tiempo, generar desconfianza y reticencias entre mis defendidos. No es algo nuevo, tengo ya la piel curtida, por lo que siempre trato de reaccionar de la misma forma y sin que ello me afecte ni en lo anímico ni en lo profesional.

En medio de toda la agitación de los meses pasados surgió el caso de Adrià Carrasco, a quien le atribuían ser miembro de un CDR (Comité de Defensa de la República) y le responsabilizaban de unos cortes de carreteras en Catalunya; su caso nos llegó antes del puente de mayo, cuando fuimos contactados por amigos suyos que nos pedían una reunión de urgencia que se celebró en nuestro despacho de Madrid.

La Audiencia Nacional había abierto un procedimiento y detenido a Tamara Carrasco, que no es pariente de Adrià, y la acusaba de desórdenes públicos que podían ser «terrorismo», según consta en las actuaciones, razón por la cual el procedimiento estaba radicado en la Audiencia Nacional. Adrià no había sido detenido porque cuando fueron a su casa no le encontraron. No explicaré por qué, pero eso le dio tiempo para esconderse primero y luego pensar en salir de España.

Mi consejo fue que le podíamos defender tanto en Holanda como en Bélgica; de hecho, me decantaba más por Holanda para evitar la sobrecarga política que significaba que todos los represaliados terminasen en Bélgica, lo que podía generar, incluso, un conflicto diplomático. En eso me equivoqué, el conflicto diplomático surgiría pero no por la llegada de los exiliados, sino por la desquiciada y poco diplomática actuación del nuevo ministro de Exteriores, José Borrell, quien se iría encargando de generar conflictos en diversos escenarios y situaciones por razones que desconozco pero que pueden estar relacionadas con problemas personales o su actuación en el ámbito de la empresa privada antes de asumir la cartera ministerial.

Después de unos días, Adrià se instaló en Bruselas y contactó con Christophe, a quien pedí que se hiciera cargo de su defensa. Hasta ahora, su causa sigue sin estar del todo clara, pues después de muchos meses e insistentes escritos por parte de la defensa de Tamara, la Audiencia Nacional, como no podía ser de otra forma, se ha inhibido a favor de los juzgados de Barcelona. Estos, por ahora, no se han pronunciado sobre si aceptan la competencia o no.

En lo que a nosotros respecta hemos intentado personarnos como defensores de Adrià en reiteradas ocasiones, pero, como ya ocurrió con los políticos catalanes en noviembre de 2017, se nos ha ido negando tal derecho de manera sistemática. Aun así, en un momento dado se nos requirió para que notificásemos una citación a Adrià de comparecencia ante la Audiencia Nacional. Obviamente nos negamos a aceptar tal notificación porque somos abogados y no carteros: si no nos dejan defender tampoco vamos a servir de cadena de transmisión de algo que perfectamente se puede practicar por videoconferencia, como la declaración de un investigado. Una vez más, la Audiencia Nacional no aprende de sus propios errores; seguramente el problema es que no conocen eso de la autocrítica ni son capaces de enmendarse allí donde ya se ha demostrado que se equivocan.

Fue en septiembre cuando terminamos de dar formato a una serie de iniciativas que habíamos diseñado ya en enero, perfilado en marzo y postergado en su materialización por diversas razones. Entre ellas, la más importante era la falta de tiempo, ya que habíamos consumido el final de marzo, todo abril, todo mayo, todo junio y casi todo julio en defendernos. Ahora, con el panorama despejado al menos por unos meses, ya podíamos centrarnos en salir al ataque, pero, para ello, se necesitaba disponer de una adecuada plataforma o estructura jurídica que lo permitiese.

Poco a poco se fueron estructurando las iniciativas que teníamos previstas y ello implicó una serie de nuevos viajes; el primero de ellos fue a Londres, donde tenía pendiente una larga, intensa y agradable reunión con Ben y su equipo para perfilar lo que será 2019 a nivel judicial y jurídico dentro del conjunto de la estrategia prevista a nivel internacional. Ben y yo tenemos mucha sintonía que seguramente se basa en que, en muchas ocasiones, a ambos se nos ve como los perros verdes de la historia hasta que se comprende lo que pretendemos hacer.

Llegué a Londres en el primer vuelo de la mañana y, mientras cambiaba dinero en el aeropuerto, se produjo un insólito episodio con Ángel Mas, cara visible de una organización de propaganda sionista denominada ACOM con la que he tenido diversos enfrentamientos judiciales. Alguien me saludó con un «Hola, Gonzalo» y, al girarme, vi que era el susodicho grabando con su teléfono móvil el «encuentro». Empezó a hacerme una serie de preguntas muy estúpidas, algo normal en él, pero mis respuestas no le interesaban porque lo único que pretendía era tener un vídeo para promocionarse en la web de ACOM.

Mi cara fue de sorpresa porque lo último que esperaba era encontrarme con Ángel Mas en Londres, y mucho menos ese espectáculo, a todas luces ilegal en el Reino Unido; lo que él no sabe es que todo el «encuentro» fue grabado por las cámaras de seguridad de Heathrow, como me confirmaron posteriormente. Semanas después descubrí que ACOM, además de promocionar a los sectores más radicales del sionismo, también era muy crítica con el *procés* y se dedicaban en redes sociales a insultar a los líderes catalanes, burlarse de ellos y compararlos con los palestinos... Toda una lección de la auténtica dimensión de una organización como ACOM, de cuyas finanzas nunca se ha sabido nada.

Incidentes aparte, tomé el Heathrow Express y me fui directamente al despacho de Ben, donde estuvimos trabajando muchas horas con un resultado que, más temprano que tarde, descolocará mucho a quienes piensan que la internacionalización del conflicto es una quimera. Al salir de su despacho en Matrix Chambers me fui al hotel a dejar mi mochila, pues por la noche había quedado para cenar con Ben, su socia y mi hija Sandra, que trabaja en Londres.

Cuando terminé de hacer el *check-in* en el hotel y dejé mi mochila me fui a caminar; Londres es una ciudad que me encanta y aún tenía más de una hora hasta que Sandra saliese del trabajo, con lo que disponía de algo de tiempo para mí. Fue una caminata intensa, a buen ritmo, y, callejeando, llegué hasta las oficinas del despacho donde trabaja Sandra y la esperé unos minutos hasta que salió, cogimos un taxi y fuimos hasta el restaurante donde habíamos quedado con Ben. Terminamos tarde y después de la cena caminé con Sandra en dirección a su casa para, allí, tomar un taxi de regreso a mi hotel.

A eso de las cinco de la mañana salí de camino a Heathrow porque tenía que regresar a primera hora a Madrid; no había margen para nada porque debía comenzar un juicio en Pontevedra a los pocos días y, además, poner en marcha temas pendientes de cara a todo lo que se había acordado tanto en Waterloo como en Londres. Aproveché el vuelo de regreso para adelantar trabajo hasta que me quedé sin batería en el ordenador.

Tanto octubre como noviembre fueron meses muy intensos en los que me pasé muchas horas en los aviones saltando de Madrid a Barcelona, de Barcelona a Vigo, de Vigo a Madrid, de Madrid a Bruselas, de Bruselas a Vigo, de Vigo a Barcelona y así todas las semanas. Cada viaje, también, implicaba un cambio de registro, de tema y de documentos que había que revisar y afinar, así como decisiones que tomar… Era un no parar que, a pesar de las dos semanas de vacaciones en agosto, me estaba pasando factura.

Entre todos esos viajes, el 26 de octubre por la tarde fui a Barcelona con Isabel y Elena porque habíamos quedado con Wolfgang Kaleck, Helena y Manuel para pasar allí el fin de semana y acudir al partido entre el Barça y el Real Madrid, algo que ilusionaba mucho a Manuel y a Wolfgang también. El resto nunca habíamos estado en un clásico en Barcelona, por lo que era una experiencia nueva.

Ese sábado aprovechamos para caminar mucho por Barcelona y, a pesar de la intensa lluvia que nos caló la ropa, nos lo pasamos muy bien. A mediodía, con la excusa de secarnos un poco, nos metimos en un restaurante cercano a la plaza Sant Jaume donde dimos cuenta de una comida excelente acompañada de buenos vinos y una buena charla; los cuatro nos llevamos muy bien y siempre es un placer conversar con Helena y Wolfgang; además, nuestros hijos se entienden fenomenal, por lo que se entretenían mientras nosotros charlábamos de lo humano y lo divino.

Después, lo único que nos apetecía era caminar y tratar de aminorar los efectos de tanta comida; dimos un largo paseo hasta nuestro hotel y nos sentamos todos a leer allí hasta cerca de las 9 de la noche, en que teníamos que salir para ir a una cena con unos amigos. Los niños, que estaban ensimismados jugando a diversas cosas, nos plantearon que ellos no querían ir a la cena y organizamos rápidamente la logística para que cenaran en el hotel y luego siguieran jugando bien en la habitación de Wolfgang y Helena o en la nuestra.

La cena era en una suerte de restaurante «clandestino», un comedor al que se accedía a través de la cocina de otro local y en el que solo hay una mesa larga rodeada de cajas de vinos y demás enseres propios de una bodega. Nos atendieron fenomenalmente, probamos excelente comida, muy buenos vinos y una compañía muy interesante. José, Blanca y Joan son buenos amigos, y ellos habían invitado a otros amigos suyos de muchos años cada cual con su visión propia del *procés* y de lo que estaba sucediendo; pero como siempre pasa cuando uno se sienta a hablar con gente inteligente es muy sencillo debatir desde posturas diferentes sin que ello dé lugar a confrontaciones ni malos rollos, simplemente debate que enriquece a todos los participantes.

Esa noche terminamos tarde por lo no nos fue sencillo levantarnos temprano, pero sobre las 9 de la mañana nos reunimos los seis en el restaurante del hotel para desayunar. Como me sucede con muchos amigos cuando viajamos juntos, los desayunos son algo silenciosos: cada uno está con la lectura de la prensa y el silencio solo se rompe para comentar alguna noticia o para pedir más café.

Después del desayuno caminamos un buen rato y nos fuimos a un sitio cerca del puerto para comer con Jaume Asens, también muy amigo de Wolfgang, de Isabel y mío. Jaume y Wolfgang se conocen desde hace muchos años y por un camino totalmente independiente de mí.

La comida discurrió entre conversaciones jurídicas, políticas y personales siempre en un ambiente muy agradable; a Helena, Isabel, Wolfgang y a mí nos interesaba mucho la visión de Jaume que es, seguramente, una de las más ponderadas que se pueden encontrar.

Mientras comíamos, Manuel estaba muy ansioso porque no veía la hora de irse al estadio; nuestra hija Elena ya se había imbuido de la pasión futbolística de Manuel y ambos solo querían que nos fuésemos. Pero como son niños muy acostumbrados a estar con adultos sabían que hasta el café no saldríamos de allí; además, les explicamos que faltaban horas para el partido.

Al finalizar la comida nos fuimos todos al estadio, incluido Jaume, que tenía que asistir como autoridad al mismo. Al llegar al Camp Nou nos dimos cuenta de la dimensión que un partido así podía tener, mucho más en los momentos actuales.

En esos momentos ya íbamos con tres niños: Elena, Manuel y Wolfgang, por lo que había que preocuparse de que ninguno de ellos se nos perdiese en un sitio que no conocíamos y en medio de un mar humano. Teníamos cuatro entradas en una zona y las otras dos bastante cerca, pero no juntas, por lo que decidimos que a la pobre Helena le tocaría encargarse de los «tres niños» y que Isabel y yo iríamos a las otras localidades. El ambiente fue excelente, el partido muy bueno y el resultado brillante, por lo que no pudo haber mejor ocasión para asistir a un clásico en Barcelona.

Esa noche nos fuimos a cenar cerca del hotel, todos bastante cansados. En mi caso, tenía que tomar un vuelo a las 7 de la mañana a Vigo para continuar un juicio que se estaba celebrando en la Audiencia Provincial de Pontevedra. Este duraría muchas semanas porque esa Sala de la Audiencia tiene un ritmo poco acorde con la carga de trabajo que sufren los juzgados y tribunales españoles. Celebraba sesiones entre las 10.30 de la mañana y las terminaba nunca después de las 13.00 horas, con lo que poco se avanzaba y eso hizo que me quedase entrampado en el mismo más de un mes y medio.

Mientras yo iba y venía a Pontevedra, en Madrid el Tribunal Supremo seguía avanzando de cara al enjuiciamiento de los políticos catalanes. Cual adaptación moderna de *Crónica de una muerte anunciada*, el Supremo, bajo la mano firme de Marchena, iba cumpliendo paso a paso con los «trámites» que le permitirán luego dictar sentencia.

Uno de los hitos importantes vendría marcado por los escritos de acusación de la Fiscalía, la Abogacía del Estado y Vox; no eran pocos los que instaban a que el Gobierno de Pedro Sánchez actuase para que los encausados no fuesen acusados de rebelión o no se pidiesen las máximas penas. Lo que no se metía en la ecuación de quienes así pensaban era un dato esencial: el Gobierno de Sánchez no tenía, ni tiene, ninguna capacidad de influencia sobre la Fiscalía del Supremo… ni tampoco sobre la fiscal general del Estado, que, como dijo la periodista Elisa Beni, se «asiló» en su «república independiente» nada más ser nombrada para el cargo.

Sin poder de maniobra con Fiscalía lo único que quedaba era la Abogacía del Estado, pero esta, a pesar de ser un departamento que depende directamente de la ministra de Justicia, poco podía hacer o, mejor dicho, poco supo hacer. Pasar de rebelión a sedición no es un gesto sino una trampa, y lo que sí podían hacer, retirar la acusación por malversación, fue justo lo que no hicieron a pesar de las muchas ilusiones que algunos habían puesto en los supuestos «gestos» del Gobierno español.

La gran diferencia entre rebelión y sedición, explicada en términos muy sencillos, es que la rebelión es un delito de imposible acreditación en un caso como este, pero probar y condenar por sedición es muy sencillo, ya que, con criterios antidemocráticos, cualquier conducta puede ser entendida como tal. Es un tipo delictivo que parece un cajón de sastre donde todo cabe, más cuando se trata de una aplicación aberrante del derecho.

El «gesto», si es que así se le puede llamar, que podía hacer el Gobierno de Sánchez no era otro que el de retirar la acusación por malversación, y ello por diversas razones: primero, la legitimación activa de la Abogacía del Estado venía por el perjuicio a la Hacienda Pública; segundo, porque existen claras pruebas de que no se produjo dicho delito ni la detracción de ningún dinero público, como ya habían afirmado Montoro y Rajoy; y finalmente, porque si la Abogacía del Estado retiraba la acusación por malversación la Sala tendría muy difícil, si no imposible, condenar por un delito que, como digo, no se ha producido y que suena muy feo.

Los escritos de calificación provisional (conocidos como escritos de acusación) presentados por la Fiscalía el 2 de noviembre no me sorprendieron; de hecho eran absolutamente previsibles en el relato fáctico, en la calificación jurídica (delitos por los que se les acusaba) y en lo que a las penas se refiere; imagino que más de uno se llevó una sorpresa porque hasta ese momento pensaban que el Estado haría un gesto, sin ser conscientes que «el Estado» no controlaba ni controla la agenda política de los fiscales del Supremo, así como la de Marchena y su Sala Segunda.

Al tratarse de un sumario ordinario (uno de los tipos de procedimientos penales previstos en el ordenamiento jurídico español), una vez presentados los escritos de acusación hay tres días para que las defensas planteen, en caso de considerarlo oportuno, los denominados artículos de previo y especial pronunciamiento, entre los que se encuentra la declinatoria de jurisdicción (pedir que la causa la lleve un tribunal distinto que se considere competente para enjuiciar esos hechos), la cosa juzgada (que los hechos hayan sido juzgados anteriormente) y otra serie de posibilidades, todas ellas muy técnicas.

Los compañeros encargados de las defensas plantearon la declinatoria de jurisdicción y presentaron unos escritos muy bien fundamentados, de modo que la causa quedó en suspenso hasta que se resolviesen dichos planteamientos.

El 18 de diciembre, la Sala Segunda del Tribunal Supremo celebró la preceptiva vista oral, en la que cada una de las defensas realizó sus alegaciones; dicha vista la seguí a través de la televisión catalana y me pareció que todos habían hecho un excelente trabajo, a pesar de las lapidarias críticas que luego salieron en algunos medios de prensa de Madrid. Si se analizan, estas tenían todas un patrón común: venían a defender, a través incluso del ataque personal a los abogados, la visión de la Fiscalía y de Vox, que luego ratificaría el Supremo con Marchena como ponente.

El resultado, como todo en este procedimiento, era el previsible, pero lo que me sorprendió fue la torpeza técnica de un jurista de la talla de Marchena, toda vez que, junto con las alusiones a lo personal, se metió en un jardín que más temprano que tarde le pasará factura: el de la falta de imparcialidad por llegar al juicio con un conocimiento y postura previa sobre el proceso.

La resolución por la cual fueron desestimadas las pretensiones de las defensas era más de lo mismo, pero de ella se puede concluir que, de una parte, la Sala de enjuiciamiento seguirá, a grandes rasgos, la línea marcada por Llarena en la instrucción, como no podía ser de otra forma teniendo presente quién es su padrino; de otra parte, el profundo desconocimiento y nulo compromiso que tiene Marchena con la jurisprudencia del Tribunal Europeo de Derechos Humanos.

Una de las cosas más sorprendentes de esa resolución fue la separación de la causa y la remisión al Tribunal Superior de Justicia de Catalunya (TSJC) de la parte correspondiente a los miembros de la Mesa del Parlament, a excepción de su presidenta Carmen Forcadell, con lo que ello puede conllevar de cara al futuro. Si los hechos mantienen una íntima relación, como se desprende de los escritos de acusación —sin asumir dichos hechos como ciertos sino como base de discusión—, entonces todos han de ser enjuiciados en un mismo procedimiento y no por separado, porque al enjuiciarse separadamente se puede llegar a la paradoja de encontrarnos, el día de mañana, con dos resoluciones de signo distinto para unos mismos hechos.

A Marchena eso no parece preocuparle, bien porque tiene plena confianza en que el TSJC, llegado el momento, se plegará a los designios que establezca el Supremo, o bien porque lo único que le preocupa es llegar lo antes posible a dictar una sentencia condenatoria… El tiempo lo dirá. Lo cierto, y eso está en la resolución, es que uno de los motivos para tal disgregación fueron unas supuestas «razones operativas» que se nos presentan como un nuevo concepto jurídico acuñado para salvar el momento y distribuir, que no atribuir, arbitrariamente la competencia entre uno y otro Tribunal.

No podemos olvidar que en diciembre de 2018 el tiempo volvía a ser un factor para Marchena, puesto que ya se sabía que en mayo de 2019 se celebrarán elecciones municipales y europeas, como mínimo y, por tanto, el juicio tendrá que estar terminado antes de que comience la campaña electoral debido a una norma no escrita pero muy conocida: no se celebran juicios de relevancia política en periodo electoral. Sí, tal cual: «juicios de relevancia política», algo desconocido en nuestro entorno pero asumido como normal a este lado de los Pirineos.

Teniendo presente lo anterior, Marchena se ve obligado a hacer lo que nunca hace el Supremo: trabajar de lunes a jueves y en doble sesión, de mañana y tarde, para terminar lo antes posible. Digo esto acordándome de un término acuñado por un buen amigo y periodista, José Yoldi, que se refería al ritmo de trabajo del Supremo como «la semana caribeña». Además de lo anterior, tiene que restringir las pruebas de las defensas a su mínima expresión para no dilatar el juicio excesivamente, sin importarle que tal restricción implique una vulneración del derecho de defensa de los acusados.

Mientras Marchena, a quien la prueba le sobra para alcanzar su convicción, restringe las pruebas a las defensas, como ya hizo Llarena durante toda la instrucción, un juez como Javier Gómez Bermúdez, con mucha más experiencia en dirigir juicios que la del exfiscal Marchena, durante el juicio del 11-M llegó a decir que una defensa tenía derecho, incluso, a citar al Pato Donald. Esto da idea de lo extenso que ha de ser el derecho a una defensa material y no meramente formal, que es lo que pretende el Supremo.

Siempre es más sencillo ver los toros desde la barrera, y en este caso no iba a ser diferente, pero en cuanto a los artículos de previo y especial pronunciamiento, yo hubiese ido un poco más lejos incluyendo uno relativo a la cosa juzgada, es decir a aquellos hechos que habiendo sido enjuiciados antes no pueden volver a serlo ahora; los requisitos jurisprudenciales establecidos por el propio Supremo para evaluar la concurrencia o no de la cosa juzgada son muy estrictos y restrictivos, pero en un proceso como este es de todo punto recomendable una creatividad jurídica que permita generar escenarios que puedan ser utilizados posteriormente, por lo que nada impedía haberlo intentado, conociendo de antemano el rechazo, incluso hilaridad, que se produciría.

Para mí eran dos los temas a plantear: uno, que muchos de los hechos descritos en su día en el auto de procesamiento y luego en los escritos de acusación guardan relación con el 9-N y el proceso seguido en contra del expresident Artur Mas, y dos, que los hechos tal y como venían expresados en la acusación eran los mismos sobre los que ya se había pronunciado el Tribunal Superior de Schleswig-Holstein, resolviendo que no eran constitutivos ni de rebelión, ni de la allá derogada sedición, ni de desórdenes públicos.

Insisto, tal cual está configurada internamente la cosa juzgada, ninguno de estos planteamientos habría sido admitido, pero dentro de un litigio estratégico, y este lo es, no todo lo que se plantea se hace en función de un éxito u aceptación inmediata, sino con la mirada puesta en el objetivo final. La creatividad jurídica es la base de cualquier litigio estratégico y así se ha demostrado a lo largo de los años, partiendo, por ejemplo, de la detención de Pinochet en Londres a raíz de una orden internacional de detención cursada desde España. En su día muchos se rieron de dicho procedimiento y de la propia detención de Pinochet... pero la intención última no era traerle a España para enjuiciarle sino afectar directa y definitivamente a la pasividad con la cual en Chile se estaban tratando los casos de violación de los derechos humanos durante la dictadura.

El Derecho, llevado a sus límites máximos, es una eficaz herramienta para la transformación de la realidad, pero para ello hay que creer en lo imposible, arriesgar hasta el ridículo y tener una estrategia clara que no se puede ver desmontada al primer revés.

Es muy posible, y especialmente a la vista de lo resuelto por el Supremo en el auto desestimando los artículos de previo pronunciamiento, que para ambos planteamientos la respuesta habría sino no solo desestimatoria, sino hiriente y de abierto menosprecio hacia el abogado que las plantease, pero, pensando en el recorrido del proceso, la primera —cosa juzgada respecto al 9-N— habría abierto un interesante debate de cara a Estrasburgo, y la segunda —cosa juzgada respecto a lo resuelto en Alemania— habría abierto una sólida puerta a plantear, al final del juicio oral y en el momento de elevar a definitivas las conclusiones provisionales, una cuestión prejudicial ante el Tribunal Europeo de Justicia de la Unión Europea, que es una vía que ha de explorarse y cuyo momento procesal oportuno es, como digo, el de la modificación de conclusiones al finalizar el juicio oral, como en su día expusimos en un informe jurídico que se nos encargó y fue abiertamente menospreciado.

A lo largo de todo este proceso hemos venido sosteniendo que estamos, primero, ante un litigio estratégico que debe servir, entre otras cosas, para obtener la libertad de los políticos catalanes encarcelados. Y además para cambiar, de una vez por todas, el sistema judicial español y llevarlo hacia un entendimiento democrático de lo que ha de ser la aplicación del Derecho dentro de Europa. Siendo así, es evidente que deben utilizarse, en diversos momentos, los distintos instrumentos disponibles en el ordenamiento de la Unión Europea; entre ellos la cuestión prejudicial es uno de gran valor a la hora de imponer una forma de interpretar las normas de la Unión a todos los operadores jurídicos, les guste o no.

En términos prácticos y dicho muy simplemente, el Tribunal Europeo de Derechos Humanos (TEDH) es un órgano jurisdiccional de revisión de lo actuado que, por tanto, siempre llega después de agotado todo el procedimiento, en muchos casos cuando ya es muy tarde y el daño está hecho. En el caso del *procés*, no me cabe duda de que Estrasburgo, si las cosas se preparan bien de cara a esa fase, nos dará la razón y restaurará a los afectados directos, los presos, sus derechos fundamentales, incluido el de la libertad personal.

En iguales términos, el Tribunal de Justicia de la Unión Europea (TJUE), con sede en Luxemburgo, es un órgano jurisdiccional que a través de la cuestión prejudicial acuerda la vigencia y validez de las normas de la Unión Europea y cuál es la forma correcta de interpretarlas y, por definición, su respuesta es previa a la causación del mal; dicho de otra forma, al tratarse de un planteamiento prejudicial despliega sus efectos en el dictado de la resolución de que se trate y, por tanto, antes de que todo el daño esté hecho. En el caso del *procés*, su virtualidad serviría para indicarle al Supremo, obligándole, la forma en que debe aplicar el Derecho de la Unión en el caso que nos ocupa, y ello podría servir para impedir el dictado de una sentencia condenatoria; de generarse la misma, serviría para garantizar el éxito de un futuro y posterior procedimiento ante el TEDH.

Lo que no se debe hacer es lanzar cuestiones prejudiciales con excesiva alegría sino muy meditadas, enfocadas en las normas adecuadas y buscando el mayor impacto, no mediático sino técnico-jurídico, con la finalidad de conseguir que el proceso en España se adecúe, lo más posible, al Derecho de la Unión. Este, a fecha de hoy, es la mejor garantía con la que contamos para asegurar los derechos y libertades no solo de quienes están siendo acusados sino del conjunto del pueblo catalán.

Somos conscientes de que se trata de planteamientos complejos, difíciles de comprender y mucho más de asumir, pero también estamos ante algo absolutamente nuevo en la Europa actual, como es la persecución y encarcelamiento de líderes políticos por desplegar una política para la que han sido elegidos, por convocar un referéndum, por manifestarse, por reunirse; por, en definitiva, ejercitar en plenitud los derechos democráticos reconocidos en los instrumentos fundacionales de la Unión Europea. Por tanto, la mejor defensa que puede dárseles a todos los que actualmente están siendo juzgados y/o perseguidos es la de jugar dentro de los parámetros del Derecho de la Unión y obligar, a través de los instrumentos previstos en dicho ordenamiento, a que los represores no solo se retraten sino que, además, se vean obligados a acatarlo y a aplicarlo.

Obviamente, no se trata de plantear cualquier cuestión prejudicial, ha de hacerse con conocimiento y midiendo muy bien lo que se pregunta, pues aquí no solo está en juego el titular de prensa sino otros muchos derechos de los presos y demás perseguidos, como los del resto de ciudadanos de la Unión Europea.

Mientras todo esto sucedía en España, nosotros, en paralelo, seguíamos trabajando de cara a la parte internacional del conflicto como única vía para conseguir transformar una realidad de la cual se han apoderado los sectores más reaccionarios del Estado español, con el Tribunal Supremo y la Audiencia Nacional a la cabeza. Por ello, las reuniones de trabajo en Bruselas continuaron hasta bien avanzado diciembre. La última tuvo lugar el día 20 para acordar el calendario final según el cual pondríamos en marcha las iniciativas diseñadas para un 2019 que no será nada sencillo.

Primero me reuní con Adrià Carrasco para informarle de la situación del procedimiento que le afecta, luego me reuní con Christophe y el resto del equipo jurídico belga para revisar no solo el procedimiento que se sigue en contra de Llarena, sino también otras relevantes iniciativas que se desplegarán durante 2019 y generarán un gran desasosiego en el Tribunal

Supremo y en aquellos que se han embarcado en esta cruzada represora como si no hubiese un mañana, o como si la tierra fuese plana y terminase a la altura de los Pirineos.

Una vez terminamos el trabajo, Christophe y yo nos fuimos a cenar, ambos con las pilas agotadas; nos apetecía hablar de algo más que de Derecho así que fuimos a un local donde hemos estado otras muchas veces que, en esta ocasión, ofrecía platos de caza de temporada. No podía fallar. Cenamos hablando no de trabajo sino de nuestras respectivas hijas, de las futuras vacaciones de uno y otro así como de una serie de cosas que nos preocupaban pero que nada tenían que ver con estos casos.

A la mañana siguiente, a primera hora, tuvimos una intensa reunión en Waterloo con el president Puigdemont para ordenar la agenda, informarle de todo lo realizado hasta ese momento, evaluar algunas cosas que debían hacerse de manera más o menos inmediata y, sobre todo, cerrar el año teniendo muy claro todo lo que viene, cómo se tendrá que abordar y cuáles son las prioridades.

Waterloo es un centro de trabajo con una actividad tremenda y allí no es difícil encontrarse con múltiples personalidades no solo de la vida política española sino también europea. El president Puigdemont, en este año y meses de exilio ha sabido generar un espacio dentro de Europa y ganarse el respeto y cariño de políticos de los más diversos espectros en todos los países en los que ha estado; en esta ocasión tampoco iba a faltar toparme con personas muy relevantes que enriquecen mucho el trabajo que desde allí se realiza.

Desde la puesta en funcionamiento del Consell per la República para mí las cosas parecen mucho más ordenadas, porque, por fin, se cuenta con una plataforma legal desde la que implementar todas las iniciativas que están diseñadas, programadas y listas para su puesta en funcionamiento pero requerían de eso que ya he dicho en tantas ocasiones: una plataforma, una estructura jurídica que no sea atacable desde el Tribunal Supremo o desde la Audiencia Nacional y pueda actuar a nivel internacional de forma absolutamente libre. Obviamente que el Consell no solo es eso sino mucho más, pero, desde mi perspectiva, solo me centro en aquello que me permite desarrollar mi trabajo como abogado.

No han sido pocos los críticos contra el Consell pero esa crítica viene, en algunos casos, sustentada por la ignorancia y en otros por el conocimiento, por haber percibido que era el instrumento con el cual se iba a actuar en todos aquellos escenarios en los que, hasta ahora y por falta de la adecuada estructura legal, no se había podido actuar.

Finalizada la reunión con el president Pugidemont, y acordado que nos daríamos unos días de descanso mutuo para disfrutar las fiestas con nuestras respectivas familias, me fui hacia el centro de Bruselas, donde había quedado para comer con Meritxell y Lluís, a quienes tenía que informar de la situación actual. Hicimos una evaluación de la situación y de lo que podíamos esperar en los meses venideros y, por qué no decirlo, disfrutamos del cariño que se ha ido generando en todos estos meses y que hace muy fácil trabajar con todos ellos.

No terminamos la comida sin explicarnos, los unos a los otros, lo que haríamos en las fiestas, y luego nos despedimos con una idea clara: 2019 no sería sencillo, habría curvas y momentos muy duros, pero estábamos preparados para lo que viniese, sabemos cómo va a actuar el Supremo y tenemos claro qué podemos esperar y qué no de todo ello.

Toni, a quien ya había visto esa mañana, y yo quedamos para cenar temprano, es un decir, y seguir grabando una serie de conversaciones que serán la base de un interesante libro en el cual estamos trabajando, algo así como los *Diálogos en el exilio* o, riéndonos un poco de cómo se nos trata, *Conversaciones entre un terrorista y un prófugo de la justicia*. Es un largo, intenso y honesto debate sobre cómo hemos visto, vivido y trabajado durante el primer año del exilio. Llevamos meses trabajando en él y este material, sin duda alguna, está siendo de gran utilidad para aclararnos dudas, conocer lo vivido por el otro y, sobre todo, dar una visión dual de todo que, seguramente, es tanto o más valiosa que la individual.

Lo primero que hicimos fue buscar un sitio tranquilo donde sentarnos no solo a cenar sino, también y especialmente, a grabar, y lo encontramos a escasos metros de su casa en Lovaina. Una vez pedimos la cena revisamos la última grabación para tener claro dónde lo habíamos dejado y comenzamos como hemos hecho siempre: poniendo la grabadora en marcha sobre la mesa y conversando de todo, interrumpiéndonos mutuamente, reconociendo con sorpresa temas que desconocíamos e, incluso, discutiendo de la visión que el otro tenía de un determinado tema. De eso va hablar, no por hablar, sino para recordar y construir.

Sobre la 1.00 de la madrugada llamamos un taxi y regresé a mi hotel en Bruselas; tenía pocas horas para dormir ya que a eso de las 5.00 debía salir para el aeropuerto y regresar a Madrid, donde aún me esperaban días muy intensos antes de la llegada de la Navidad.

Los últimos días del año los usé para ordenar cosas en el despacho, visitar a defendidos en prisión, disfrutar en familia y terminar este libro mientras poco a poco se va perfilando todo lo que tenemos por hacer de cara a ganar este caso de manera definitiva y conseguir que los presos políticos sean excarcelados, los exiliados puedan regresar a casa y los derechos del pueblo catalán sean reconocidos sin más limitación que aquellas de las que ellos mismos se quieran dotar. El futuro siempre pertenecerá a quienes estén dispuestos a sacrificar el presente para alcanzarlo… y ahí lo dejo.

EPÍLOGO

Este libro lo terminé durante las fiestas de fin de año de 2018 y antes de la celebración del juicio en contra de los políticos catalanes, antes de que se dicte la sentencia, antes de que se vuelva a cursar una nueva OEDE en contra de mis defendidos y, también, antes de que se pongan en marcha una serie de iniciativas legales que forman parte de un ambicioso pero realista plan de internacionalización del conflicto.

Usando los términos de una compañera que tiene muy pocas luces, con los cuales criticó un informe jurídico que excedía el ámbito de sus conocimientos, este libro a muchos les podrá parecer una suerte de *coitus interruptus* porque aún quedan muchos temas por dilucidarse y por contarse pero, en mi opinión, no debe entenderse así. Aquí se ha abordado una primera etapa de un camino que será largo pero que, más temprano que tarde, dará los frutos que una mayoría de los catalanes esperan.

En cualquier caso, mis «ahí lo dejo» por definición, implican que la historia seguirá su curso y deparará más sorpresas. Un litigio de estas características no es cosa de un año ni de un único juicio, pues la judicialización de la política ha conllevado, de una parte, al juicio ante el Tribunal Supremo pero, de otra, a más juicios en diversas instancias (Tribunal Superior de Justicia de Catalunya, donde se ha remitido la parte correspondiente a los miembros de la Mesa del Parlament; Audiencia Nacional, donde está la causa contra el *major* Trapero y otros; Audiencia Provincial de Barcelona, a donde llegarán algunos de los hoy investigados en el juzgado de Instrucción 13 de Barcelona; Juzgados de lo Penal, donde llegarán diversas causas abiertas en una serie de juzgados de Catalunya por diversos hechos que, sin serlos, parecerían aislados). En todos ellos habrá gente que se jugará su libertad y su futuro y todos esos otros juicios también formarán parte del conjunto del problema judicial creado para evitar dar respuesta política a un anhelo expresado democráticamente por los catalanes.

Para mí, la única forma de avanzar hacia la solución política de un problema político absurdamente judicializado pasa, primero, por resolver el problema legal y, luego, porque el conflicto sea llevado a la sede adecuada: la del debate político con todas sus consecuencias. Para avanzar en dicha dirección, lo mejor es asumir los diversos casos y procesos abiertos como un único litigio y darles el carácter que tienen: el de litigio estratégico con una línea de defensa clara, ordenada, rupturista y radical. Pero no basta solo con ello y me explicaré.

Como ya he dicho en más de una ocasión, no estamos ante una persecución penal sino política revestida de formato jurídico, a través de la cual se pretende amedrentar, mediante la condena penal, al disidente. Ello obliga a articular una respuesta, o línea de defensa, que pasa, necesariamente, no tanto por cuestionar la intensidad de los hechos o la responsabilidad y participación de los concretos acusados en un determinado juicio —sea en el Supremo o en aquellos otros Tribunales donde habrá acusaciones muy graves—, sino la interpretación que se da a esos hechos y cómo se ha llegado hasta este punto y momento. La acusación con la que se iniciará el juicio ante el Supremo (y con las que se iniciarán los otros juicios que están por venir y de los que poco o nada se habla) pretende circunscribir la discusión a una visión especial y parcializada de unos sucesos tratando de impedir que el debate se radicalice, es decir, que vaya a la raíz del tema: la violación de los derechos civiles y políticos del pueblo catalán.

No se trata de politizar el debate, ni mucho menos, sino de llevarlo a la raíz del problema y al cómo, con la violación de los derechos colectivos, se llega a la instauración de una serie de procesos penales que pretenden legitimar una represión masiva, ahora singularizada en los líderes políticos y sociales y luego en un número a determinar de personas, de un movimiento absolutamente democrático que ha cuestionado el «fundamento» del sistema surgido a partir de la Constitución Española de 1978, que no es otro que la indisoluble unidad de la nación española. Es decir, hay que actuar de manera rupturista para, valga la redundancia, romper con los esquemas prefijados y con el modelo de actuación judicial previsto por quienes no quieren romper con la tradición franquista, la raíz de todos estos males.

Es técnicamente posible, y jurídicamente deseable, que el debate jurídico se centre, en todo momento, en desmontar el montaje, en poner en evidencia cómo se ha construido a través de todos estos juicios y, sobre todo, en por qué se ha llegado hasta este punto. Técnicamente hablando, es importante acreditar las vulneraciones del artículo 6 del Convenio Europeo de Derechos Humanos (derecho a un proceso equitativo donde se incluye el derecho de defensa, el derecho al juez natural, el derecho a un juez imparcial, etc.) pero más aún lo es acreditar la vulneración de otros derechos reconocidos en el Convenio como el derecho a la libertad de pensamiento (artículo 9.1), el derecho a manifestar su pensamiento individual o colectivamente (artículo 9.2), el derecho a la libertad de expresión (artículo 10.1), el derecho a la libertad de reunión y asociación (artículo 11), el derecho a no ser discriminado (artículo 14) o que se garantice que el Estado no abusa del derecho (artículo 17); es decir, hay que realizar una defensa ordenada y bien dirigida a la raíz del problema.

A partir de los hechos que se han ido y se irán presentando, se abren dos vías de defensa distintas, a saber: a) intentar acreditar que los hechos no sucedieron y/o que en los mismos no tienen responsabilidad los distintos acusados, o b) intentar acreditar que todos estos procesos son una respuesta antidemocrática a las legítimas aspiraciones del pueblo catalán. Ambas posturas son legítimas, extremadamente técnicas y perfectamente compatibles, pero las consecuencias jurídicas de una y otra serán distintas, como distintas serán las consecuencias políticas que de ellas se deriven, y en esto la defensa ha de ser clara.

La gran diferencia entre una y otra forma de abordar el problema jurídico, teniendo presente que todos estos juicios terminarán su recorrido en Estrasburgo, es que en uno y otro caso la respuesta final que dará el Tribunal Europeo de Derechos Humanos no será de la misma intensidad ni repercusión, pues no es lo mismo un pronunciamiento sustentado en vulneración de derechos procesales (artículo 6, proceso equitativo) que uno sustentado en la vulneración de los derechos civiles y políticos (artículos 9, 10, 11, 14 y 17, por ejemplo).

Una sentencia de Estrasburgo basada en una vulneración procesal solo afecta a quien recurre y la ha sufrido personal y directamente: se trata de una respuesta individual sin efectos más allá de la concreta persona afectada; por el contrario, una sentencia que aborde la raíz del montaje tendrá profundas consecuencias no solo para los afectados directos sino para el conjunto del pueblo catalán que, si bien no se sentará en los distintos banquillos, sí que ve sus derechos enjuiciados en esos procesos.

En definitiva, la decisión que había que tomar no es si se debe hacer una defensa técnica o política, pues esta distinción solo se corresponde con un relato que se ha instalado desde Madrid para deslegitimar una defensa técnica basada en la reivindicación de los derechos y libertades civiles, relato que algunos han asumido gustosamente para no abordar la esencia del problema, no vaya a ser que eso moleste a más de uno. Teniendo presente que ambas líneas son tremendamente técnicas, hay que determinar si lo correcto es hacer una defensa individual o una colectiva; dicho de otra forma: hay que definir si se defiende a cada uno de los acusados en cada uno de los diversos juicios que se irán celebrando o si, por el contrario, se va a defender aquello que políticamente defienden los diversos acusados que es lo que, en algunos casos, los ha llevado a la cárcel o al exilio, lo que en todos esos juicios, los llevará al banquillo y de ahí a la cárcel.

Seguramente, la mejor de las respuestas a este dilema la tenemos desde hace tiempo y procede de Schleswig-Holstein, cuyo Tribunal Superior determinó que los hechos por los que se reclamaba al president Puigdemont son inherentes y propios en una democracia y todo Estado democrático tiene que tolerarlos. Son hechos sin relevancia penal porque son el ejercicio legítimo de una serie de derechos individuales y colectivos que el Estado español ha tratado de criminalizar para reprimir las legítimas aspiraciones del pueblo catalán… y ahí lo dejo.

Madrid a 1 de enero de 2019

Agradecimientos

Cualquier jurista que se precie estaría encantado de poder ejercer el Derecho que llevo practicando desde finales de octubre de 2017 y, en mi caso, más que encantado estoy agradecido, primero, a Isabel, sin cuyo apoyo nada de esto sería posible.

Isabel es quien me da la estabilidad y la confianza para hacer todo este trabajo, pero también quien se ha cargado de tareas adicionales para que ello sea posible. Además, es mi primera crítica ante cualquier iniciativa, lo que siempre permite plantearlas tras un primer filtro de calidad... seguramente el más exigente.

Debo dar, igualmente, las gracias a mi amigo y compañero Jaume Asens, que fue quien me metió en este lío pero lo hizo consciente de que podría hacerme cargo de algo tan complejo como este caso. A lo largo de este año no han sido pocas las dudas, consultas y conversaciones de todo tipo que hemos tenido, siempre precedidas de la confianza mutua, la sinceridad y el reconocimiento al papel que cada uno está jugando.

No puedo dejar de reconocer y agradecer al president Carles Puigdemont y los consellers Toni Comín, Clara Ponsatí, Meritxell Serret y Lluís Puig por haber confiado en nosotros y habernos permitido defenderles y, también, porque incluso en los peores momentos, han sabido estar a la altura de las circunstancias, lo cual, siempre, es de admirar.

Tampoco nada de lo hecho y de lo conseguido en estos meses habría sido posible sin compañeros tan entregados y comprometidos como Christophe Marchand, Paul Bekaert,

Michell Hirsh, Annemie Shaus, Aamer Anwar, Jaume Alonso Cuevillas, Wolfgang Schomburg y Sören Schomburg junto a sus respectivos equipos. Trabajar en equipo no es sencillo, pero ellos han hecho que lo pareciese y han dado lo mejor en la defensa de algo que nos une: los derechos fundamentales y las libertades civiles como ejes informadores de toda actuación jurídica.

Por otra parte, agradezco también a Wolfgang Kaleck porque siempre ha sabido escuchar, aconsejar, apoyar o criticar cada paso que he dado y, cuando las cosas se han complicado, ha sabido estar ahí donde se le necesitaba.

Gracias también al equipo de mi despacho, que ha sabido asumir los riesgos que supone trabajar en casos como este y, además, ha entendido la sobrecarga de trabajo que ha representado, representa y representará este proceso.

A otras muchas personas les agradezco todo el apoyo recibido en este año y sus ingentes esfuerzos por hacer que las cosas saliesen bien; por razones obvias, y las posiciones que ocupan, me reservo para darles mis agradecimientos en privado, pero ellas saben quiénes son y ya habrá tiempo de decírselo en persona.

No puedo terminar los agradecimientos sin un recuerdo a mi familia y, en especial, a mi padre, que me dio las herramientas para salir adelante en todo tiempo y circunstancias y que partió a los pocos meses de salir yo de prisión; estoy seguro de que hoy disfrutaría como un niño con zapatos nuevos leyendo este libro y, sobre todo, escuchando aquello que no he escrito por razones obvias. Era periodista, pensaba como periodista y sentía como periodista: un caso como este le habría atraído como padre, pero, sobre todo como periodista.

Hoy, seguramente, no sería quien soy ni cómo soy sin mi madre, hija y nieta de catalanes y una de las últimas pinochetistas que existen en Chile; mientras ella se va apagando poco a poco recuerdo que, por sus postulados ideológicos y religiosos, aprendí a aproximarme a la vida respetando la transversalidad. Igualmente, nada habría sido igual sin el apoyo constante de mis hermanos Rodrigo, que ha estado cuando y donde le he necesitado, y Patricia.

A Nina, a la que tal vez nunca se lo he dicho, pero gracias a la cual mis dos hijas mayores hoy son unas grandes personas, sanas, maduras y buenas profesionales que han podido sobrevivir a todo lo que hemos vivido; sin ella lo habrían hecho de forma muy distinta, por lo que no hay forma de agradecerle lo bastante su papel como madre, que es para matrícula de honor.

Este libro utiliza el tipo Aldus, que toma su nombre
del vanguardista impresor del Renacimiento
italiano, Aldus Manutius. Hermann Zapf
diseñó el tipo Aldus para la imprenta
Stempel en 1954, como una réplica
más ligera y elegante del
popular tipo
Palatino

… *Y ahí lo dejo.*
Crónica de un proceso
se acabó de imprimir
un día de invierno de 2019,
en los talleres gráficos de Egedsa
Roís de Corella 12-16, nave 1
Sabadell (Barcelona)